AFRIQUE AUSTRALE

Afrique du Sud
Namibie • Botswana • Zimbabwe

Bernard Joliat
et les rédacteurs de JPM Publications

J·P·M
PUBLICATIONS

SOMMAIRE

Cap sur l'Afrique du Sud

Kaléidoscope géant aux éternelles métamorphoses, la République sud-africaine, depuis la seconde moitié du XVIIe siècle, fascine les Occidentaux par son importance stratégique, la fertilité de ses sols et son climat salubre, propice à toutes les activités humaines. Ses fabuleuses richesses minérales ont suscité plus tard d'autres convoitises, auxquelles s'ajoutent, depuis la fin de l'apartheid, ses formidables attraits touristiques.

Péninsule avancée de l'Afrique entre les océans Atlantique et Indien, ce sous-continent se manifeste en priorité par ses innombrables contrastes. Les sommets déchiquetés du Drakensberg s'opposent aux plaines rouges de l'Etat libre (Free State). On peut voir l'or en fusion à proximité de cavernes bochimanes où s'étalent des œuvres d'art datant de l'âge de la pierre.

Villes, fleurs et vignobles

Cité commerçante, paradis du shopping, Johannesburg offre au touriste européen le même dépaysement que Manhattan. Ses «cathédrales» de béton et de verre fumé sont vouées à des cultes païens dont les rites secrets se fondent sur le prix de l'or, du platine, du diamant et d'autres métaux précieux tels que l'uranium. En atterrissant dans cette cité active après dix heures de vol, on éprouve quelque peine à imaginer que Johannesburg vient de célébrer son premier siècle d'existence.

Dans la région de Pretoria, noyée dans une forêt de 70000 jacarandas, des palais, des sanctuaires et des monuments racontent dans la pierre ou le bronze l'histoire passionnante d'un pays qui semble avoir enfin découvert la voie menant vers une certaine sérénité.

Autour de la montagne de la Table, près de la belle ville du Cap, le jardin botanique national exhibe plusieurs milliers des 18000 espèces de fleurs recensées dans toute la République. Et la réserve de Bonne-Espérance, fondée en 1939, fête chaque printemps dans une explosion florale les noces de l'Atlantique avec les mers d'Orient.

Dans l'arrière-pays, les généreux vignobles de Stellenbosch, Paarl et Franschhoek produisent quelques-uns des vins réputés d'Afrique du Sud. Les voyageurs, suivant le littoral par la Route des Jardins, atteignent les côtes du Natal, après des escales à Port Elizabeth, East London et un détour obligé vers les élevages d'autruches d'Oudtshoorn. Entouré de longues plages de sable fin, Durban ponctue de sa vie mondaine et de ses sports aquatiques cet inoubliable périple le long de l'océan Indien.

De nombreuses autres cités, perdues dans les sables du désert ou bâties sur le littoral, convient les visiteurs à la découverte de leurs traditions, de leur art, de leurs paysages et de leur gastronomie.

LEÇON DE GÉOGRAPHIE

Deux fois plus vaste que la France, la Suisse et la Belgique réunies, l'Afrique du Sud est un véritable condensé de notre planète. Sur 1 221 037 km^2, quelque 40 millions d'habitants, dont 30 millions de Noirs, 5 millions de Blancs (58% d'Afrikaners et 39% d'Anglophones), 3,4 millions de Métis et 1 million d'Asiatiques s'efforcent désormais de bâtir en commun, dans la paix, l'un des pays les plus riches du monde.

Quatre jeunes nations (Namibie, Botswana, Zimbabwe et Mozambique) riches en flore rare et en faune sauvage, parsemées de sites grandioses entourent l'Afrique du Sud, où l'on découvre encore, enclavés, le Lesotho et le Swaziland, autres prétextes à de mémorables voyages en Afrique australe.

Fascinantes ethnies

Coiffés de cornes de buffles, le corps couvert de peintures de guerre et d'ornements tribaux, les fiers descendants des puissants *impis* (armées) de Shaka Zoulou surgissent des frondaisons du Zoulouland, proche de Durban, pour impressionner le visiteur. Mais ces embuscades de folklore enchantent les photographes en rapportant quelques *rands* aux acteurs de ce show à peine improvisé.

D'autres ethnies font valoir leurs traditions en étonnant leurs visiteurs par leur accoutrement, leurs rites, leurs couleurs et leur génie artistique. Les plus surprenants sont les Ndébélés, communauté minoritaire de la région de Pretoria, à majorité bantoue. Bien avant les cubistes occidentaux, les artistes ndébélés pratiquaient déjà avec un rare talent cette forme de peinture géométrique aux tons lumineux, exprimant leur art sur les murs de leurs habitations.

Le littoral de Camps Bay ouvre le Cap de Bonne-Espérance aux voyageurs quittant Cape Town.

Tête-à-tête avec la faune

L'Afrique du Sud est aussi le fief des animaux sauvages. Vos tête-à-tête intimes avec quelques-uns des fauves les plus impressionnants du monde sont garantis. Hluhluwe, Umfolozi, Mala Mala, Londolozi, Shamwari, Sabi Sabi, parmi cent autres réserves de faune, favorisent les rencontres avec les grands mammifères en liberté: rhinocéros, éléphants, hippopotames, lions, léopards, guépards, buffles, girafes, antilopes, zèbres. Aucune de ces réserves n'égale pourtant le Parc national Kruger, l'un des plus célèbres sanctuaires d'animaux du monde.

En fait, tout est possible en Afrique du Sud. Avez-vous déjà voyagé dans les rues de Durban sur un pousse-pousse tiré par un guerrier zoulou costumé? Ou assisté à une danse tribale des Mzoumba, rythmée par les battements de cent tambours, le martèlement de mille pieds? Ou encore, plus simplement, avez-vous déjà «entendu» le soleil se lever ou se coucher sur la brousse africaine? Une chose est sûre: quelle que soit la longueur de votre séjour dans ce pays en pleine mutation, vous n'aurez jamais assez de temps pour établir la liste exhaustive de ses innombrables attraits.

Windhoek
Tswaane
Nauchas
BOTSWANA
Mariental
Maltahöhe
NAMIBIE
Kalahari Gemsbok N.P.
Vorsters
Helmeringhausen
Keetmannshoop
Aus
Lüderitz
Van Zylsrus
Sonstraal
Andriesvale
Kuruma
Namaland
Fish River Canyon
Betsjoeanaland
Olifantshoek
Rosh Pinah
Upington
Postmas
Richtersveld N.P.
Augrabies Falls N.P.
Oranjemund
Alexander Bay
Orange
Groblers-hoop
Volop
Diamond Digging
Port Nolloth
Pofadder
Kenhardt
Nababeeb
Springbok
Northern Cape
GEOGAP N.R.
Grootvloer
Verneuk Pan
Namakwaland
Rock Painting
Brits
Kliprand
Brandvlei
Van Wyksvlei
OCÉAN
ATLANTIQUE
Upper Karoo
Carnarvon
Bitterfontein
Swarkolk-vloer
Williston
Loxton
Vanrhynsdorp
Calvinia
Three Sisters
Clanwilliam
Tankwa-Kardo N.P.
Fraserburg
Beaufort West
Elands Bay
Karoo N.P.
Sutherland
Citrusdal
Great Karoo
Vredenburg
Western Cape
West Coast N.P.
Touwsrivier
Malmesbury
Little Karoo
Wellington
Oudtshoorn
Tsitsikamma
Bellville
Worcester
Cape Town
Stellenbosch
Somerset West
Swellendam
Gourits
George
Knysna
Cape of Good Hope
Strand
De Hoop N.R.
Plettenberg Bay
Hawston
Witsand
Mossel Bay
Knysna N. Lake Area
Cape Agulhas

AFRIQUE DU SUD
Kalahari Desert
MOZAMBIQUE
SWAZILAND
LESOTHO
Northern Province
Gauteng
Mpumalanga
North-West
Free State
KwaZulu-Natal
Eastern Cape
Drakensberg
OCÉAN INDIEN
Serowe
Alldays
Maasstroom
Vivo
Louis Trichardt
Giyani
Kruger Nat. Park
Klaserie N.R.
Marken
Ellisras
Tzaneen
Gravelotte
Potgietersrus
Pietersburg
Molepolole
Gaborone
Blyde River Canyon N.R.
Thabazimbi
Warmbad
Pilanesberg N.P.
Kanye
Lydenburg
Groblersdal
Lobatse
Zeerust
Sun City
Mabopane
Nelspruit
Pretoria
Rustenburg
Witbank
Hoëveld
Maputo
Gemsbokvlakte
Mmabatho
Lichtenburg
Soweto
Johannesburg
Carolina
Barberton
Setlagole
Mbabane
Middelveld
Vereeniging
Ermelo
Klerksdorp
Potchefstroom
Vryburg
Vaal Dam N.R.
R. Maputo
Tembe Elefant Res.
Sandveld N.R.
Bothaville
Heilbron
Volksrust
Piet Retief
Newcastle
Itala N.R.
Mkuzi G.R.
Kroonstad
Warden
Vryheid
Christiana
Blood River Monument
Hluhluwe G.R.
Welkom
W. Pretorius Wildtuin
Dundee
Umfolozi G.R.
St. Lucia G.R.
Vaalbos N.P.
Kimberley
Royal Natal N.P.
Ladysmith
Greytown
Empangeni
Richards Bay
Bloemfontein
Maseru
Giants Castle G.R.
Pietermaritzburg
Stanger
Mafeteng
Durban
Jagersfontein
Trompsburg
Mzimkulwana N.R.
Sinqua
Umzinto
Lady Grey
Hendrik Verwoerd Dam N.R.
Aliwal North
Brooks Nek
Port Shepstone
Tina
Middelburg
Elliot
Umtata
Mkambati N.R.
Port St. Johns
Queenstown
Coffee Bay
Graaff-Reinet
Cradock
Dwesa N.R.
Mountain Zebra N.P.
Somerset-East
Fort Beaufort
Bisho
Groot Kei
East London
Mdantsane
Zuurberg N.P.
Grahamstown
King William's Town
Uitenhage
Port Elizabeth
Cape St. Francis
Limpopo
Mokolo
Olifants
Oranjerivier
Sondagsrivier
N
0 200 km
0 125 miles

L'Afrique du Sud est l'un des berceaux de l'humanité. Même si la vallée de l'Omo, en Ethiopie, semble détenir le record des plus anciennes trouvailles paléontologiques, les ancêtres de l'homme vivaient sans doute déjà en Afrique australe il y a deux millions d'années. Vers la fin du XVe siècle, les premiers navigateurs rencontrent deux peuples, les Bochimans (ou Bushmen) et les Hottentots. Ces derniers, venus des grands lacs, avaient occupé l'Afrique australe dès le XIe siècle où, mieux organisés, ils avaient repoussé les Bochimans dans la brousse et le désert.

Les premiers Européens

Les Portugais furent les premiers Européens à poser le pied en Afrique australe, Diego Cão en 1485 et surtout Bartolomeu Dias, qui débarqua dans l'actuelle baie de Walvis le 8 décembre 1486, quelques semaines avant de découvrir, dans la lumière estivale, le site de la future ville du Cap. Dix ans plus tard, Vasco de Gama reliait la baie de Sainte-Hélène à la côte du Natal, premier homme cité par l'Histoire pour avoir doublé le cap de Bonne-Espérance et ouvert la voie des Indes aux navigateurs occidentaux.

L'arrivée des huguenots

L'histoire «européenne» de l'Afrique du Sud vient de commencer. Mais personne ne songe à s'y établir jusqu'en 1652, lorsque le médecin-commandant Jan Van Riebeeck débarque au cap de Bonne-Espérance à la tête de trois navires et d'une centaine d'hommes, offrant à la Compagnie hollandaise des Indes un futur point de ravitaillement stratégique pour ses bateaux (eau douce et légumes frais cultivés sur place). Cinq ans plus tard, les premiers colons s'installent et en 1685, après la Révocation de l'Edit de Nantes, deux cents huguenots arrivent dans la région du Cap, introduisent la culture de la vigne et s'intègrent à la communauté néerlandaise.

Boers contre Bantous

Malgaches et Malais, encouragés par la Compagnie hollandaise des Indes qui a besoin de main-d'œuvre, s'installent à leur tour. Certains colons ne supportant pas le joug de la Compagnie, les *trek-*

boers (paysans itinérants) s'aventurent vers l'Est et le Nord. Décimés par la variole, les Hottentots, en 1713, ne peuvent freiner leur progression, au contraire des Bantous, notamment les Xhosas et les Zoulous, solidement installés sur les plaines fertiles du Natal. Les premiers affrontements entre Boers et Bantous se produisent en 1779.

Prospérité

Parallèlement, la prospérité s'installe au Cap, due en grande partie au troc avec les trekboers, qui échangent leur bétail contre des armes, du café et du sucre. Mais les rivalités entre l'Angleterre et la France, lors des guerres de la Révolution et de l'Empire, se répercutent en Afrique du Sud. Les Britanniques, qui souhaitent contrôler la route des Indes, occupent Le Cap en 1795, mais la ville sera brièvement restituée à la République batave en 1802 après la paix d'Amiens. Quatre ans plus tard, l'Angleterre s'attribue définitivement Le Cap, présence entérinée en 1814 par le traité de Paris.

Les Britanniques arrivent

De nombreux colons britanniques s'établissent au Cap dès 1820, favorisant certaines libertés publiques et l'installation des missions anglicanes, tout en instaurant l'anglais comme langue officielle. L'esclavage est aboli en 1834 et toutes ces mesures, lesquelles vont à l'encontre des intérêts fondamentaux des Boers, provoquent la colère de leur communauté, qui se voit encore contrainte de restituer aux Xhosas les terres acquises lors de la guerre des frontières de 1834–1835.

Les Boers s'en vont

En 1834, les Boers entreprennent leur fameux «Grand Trek», ferment du nationalisme des Afrikaners. Cinq colonnes de Trek, emmenées par Maritz, Potgieter, Pretorius, Retief, Trichardt et Uys, noms aujourd'hui légendaires, drainent plus de 20000 pionniers. Ces *Voortrekkers* qui s'entassent avec leurs familles dans des chars à bœufs, bible en main, franchissent le fleuve Orange ou s'installent près de ses rives, certains poursuivant leur route au Nord vers le Limpopo (futur Transvaal), tandis que d'autres, vers l'Est, traversent les montagnes du Drakensberg avant de s'établir au Natal. De nouvelles terres sont acquises, soit par la négociation avec les Africains, soit par la force, à l'instar du général Andries Pretorius (la ville de Pretoria lui doit son nom), lors de la bataille de Blood River contre les Zoulous en 1838.

Fondation du Transvaal

Les trekkers fondent deux nouvelles républiques où le calvinisme est la religion d'Etat, celles du Transvaal en 1852 et de l'Etat libre d'Orange en 1854, reconnues dans un premier temps par les Anglais grâce aux efforts de Pretorius, prélude à la création d'une République sud-africaine. Hors de la tutelle britannique, ils en profitent pour asservir les communautés noires du Transvaal. Dans les grottes de Makapansgat, un millier de Ndébélés, assiégés, mourront dans leur refuge.

D'importants gisements de diamants, découverts en 1867 dans la région de Kimberley, incitent toutefois les Britanniques à annexer cette République en 1877. Mais les Afrikaners, emmenés par leurs chefs Kruger, Pretorius et Joubert, opposent une formidable résistance. Les Anglais sont défaits à Majuba Hill en 1881 et le Transvaal retrouve son autonomie, malgré un semblant de suzeraineté britannique.

Défaite britannique

Désireuse d'unifier sous sa tutelle les quatre Etats blancs d'Afrique australe (Le Cap, Natal, Orange, Transvaal), l'Angleterre décide d'éliminer le danger que constituent les structures militaires de l'Etat zoulou. Elle lance un ultimatum à son chef Cetshwayo et dépêche une armée de 16 500 hommes pour vaincre sa résistance. Les Zoulous refusent l'ultimatum et les Britanniques, le 11 janvier 1879 à Isandhlwana, connaissent alors la plus cuisante défaite de toute leur histoire coloniale. Mais l'Angleterre prendra sa revanche un peu plus tard à Ulundi.

L'or et le diamant

Les mines de diamants de Kimberley et les mines d'or du Witwatersrand attirent de nouveaux pionniers à majorité anglophone, les *uitlanders*, auxquels Paul Kruger ne veut céder aucun droit civique, mais qui, en 1896, se retrouvent sept fois plus nombreux que les citoyens de la République boer. Les rêves de grandeur de Cecil Rhodes, Premier ministre de la colonie du Cap, vont provoquer la guerre des Boers. La résistance de Kruger est exemplaire et après une vaine tentative de le renverser avec l'aide de Joseph Chamberlain, Rhodes, magnat du diamant contrôlant notamment la société De Beers, est contraint de démissionner.

Ce paysage typique du Drakensberg traduit la beauté sereine des grands espaces verts sud-africains.

La guerre des Boers

Le 12 octobre 1899, allié à l'Etat libre d'Orange, Kruger déclare la guerre à la colonie du Cap, où il compte de nombreux sympathisants au sein de la colonie boer. Mais ceux-ci ne se révoltent pas, ne lui apportant qu'un soutien moral. Plutôt que de se lancer à l'assaut de Durban, toute proche, les troupes de Kruger préfèrent assiéger Mafeking et Ladysmith. A Colenso, sous les ordres de Louis Botha, 6000 Boers infligent une cuisante défaite aux 18 000 soldats du général Buller, confirmant leur succès remporté trois semaines auparavant à Spionkop.

Tandis que Ladysmith, Mafeking et Kimberley résistent au siège des Boers, les Anglais profitent de cette période pour faire venir d'importants renforts de Londres. Le temps joue en leur faveur et l'année suivante, une vaste offensive est lancée, qui se traduit par la prise de Bloemfontein, Johannesburg et finalement Pretoria en juin 1900. Les Boers poursuivent le combat sous forme de guérilla, dont les principaux héros se nomment Jan Smuts, Louis Botha et Barry Hertzog. La lutte se révèle pourtant inégale, les Britanniques opposant 450 000 soldats à moins de 100 000 Boers. Les Pays-Bas, la France et l'Allemagne restant sourds à l'appel du président Kruger, celui-ci est contraint, le 31 mai 1902, de signer le traité de Vereeniging.

Le début de la ségrégation

L'amnistie des rebelles, la libération des prisonniers, la reconnaissance de la langue afrikaans et le financement de la reconstruction sont accordés aux vaincus. Quatre ans plus tard, les deux communautés belligérantes se réconcilient pour mater la révolte des Africains du Natal. La Constitution pour l'Union sud-africaine entre en vigueur le 31 mai 1910, deux ans avant la fondation de l'African National Congress (ANC), qui souhaite convaincre les Blancs d'accorder aux Noirs les mêmes droits politiques. Peine perdue. En 1913, le Native Land Act interdit aux Africains l'acquisition de terres hors des réserves.

Aux côtés des Alliés

La crise économique de 1929, puis le début de la Seconde Guerre mondiale en 1939, vont accentuer la division entre Anglophones et Afrikaners. Plutôt favorables à l'Allemagne dans le grand conflit européen, les Afrikaners, emmenés par l'intransigeant D. F. Malan, s'appliquent vainement à faire voter la neutralité. Jan Smuts, qui n'apprécie guère les thèses d'Adolf Hitler, réussit au contraire à faire admettre la participation de l'Afrique du Sud aux côtés des forces alliées. Cela n'empêche cependant pas un parti de tendance nazie, l'Ossewabrandwag, fort de ses 400000 membres, de soutenir ouvertement le dictateur allemand.

Adieu au Commonwealth

En 1950, en parallèle avec l'adoption du principe des bantoustans, les mariages mixtes et même les relations sexuelles hors mariage entre gens de races différentes sont prohibés, de même que tout parti ou association s'opposant à la politique d'apartheid. En 1952, le livret de travail devient obligatoire pour les Noirs africains, qui protestent aussi à de nombreuses reprises contre le *pass-book* qui leur est imposé pour leurs déplacements. Le vaste mouvement de l'ANC dirigé par Albert Luthuli (prix Nobel de la paix en 1960), puis par Nelson Mandela se traduit, lors d'une manifestation à Sharpeville le 21 mars 1960, par le massacre de 61 Noirs. L'ANC est interdit et, à la suite d'un référendum, l'Union sud-africaine, qui deviendra la République sud-africaine, se retire du Commonwealth.

Echec

La politique de l'apartheid se poursuit, malgré la réprobation générale. Afin d'atténuer les dangers que provoquent les *townships* surpeuplés, les populations bantoues sont déplacées dans des *homelands*, conçus pour favoriser le «développement séparé». Naissent ainsi le Transkei, le Ciskei, le Bophuthatswana et le Venda, Etats artificiels que l'ONU refuse de reconnaître. Exclu depuis 1968 des Jeux olympiques, boycotté sur le plan commercial, le pays subit toujours plus durement les effets de son isolement.

Révolution

Les émeutes de Soweto, en 1976, provoquées par une nouvelle loi obligeant les écoles bantoues à pratiquer l'enseignement en langue afrikaans, marquent le début d'une révolution larvée. Pieter Botha, qui accède à la présidence en 1978, tente vainement de sauver l'apartheid en adoucissant ses lois, notamment sous la pression des groupes financiers locaux, inquiets de l'exode des capitaux: en 1986 les mariages mixtes et les relations interraciales ne sont plus interdits; le laissez-passer est supprimé et des facilités sont accordées aux responsables des bantoustans.

Efforts pour la paix

La Constitution de 1983, qui tente d'accroître le pouvoir des Indiens et des Métis, symbolise cette politique de la carotte et du bâton. Desmond Tutu, archevêque du Cap, déploie ses efforts pour une meilleure compréhension et un respect mutuel, recevant à son tour le prix Nobel de la Paix en 1984.

Mais la violence continue sous l'impulsion de l'ANC dont le leader, Nelson Mandela, arrêté en 1964 et condamné à la perpétuité, est alors toujours emprisonné. L'état d'urgence est instauré en juillet 1985 et se prolonge jusqu'en 1990.

Fin de l'apartheid

En 1989, Frederik De Klerk, élu par le parti national, succède à Pieter Botha. Dès son investiture, De Klerk promet la libération de tous les prisonniers politiques, annule l'interdiction de l'ANC et des autres partis contestataires. Plus tard, il met fin à 27 ans de détention de Nelson Mandela. Les deux hommes se lancent dans une politique commune anti-apartheid et affrontent ouvertement l'extrême-droite et son parti de l'AWB emmené par Eugène Terreblanche. Fin 1991, la Convention for Democratic South Africa (Codesa) est créée par 17 partis, qui établissent les bases d'une nouvelle Afrique du Sud unie, débarrassée de tous préjugés raciaux. Seules l'extrême gauche et l'extrême-droite s'abstiennent…

Triomphe de la raison

L'année suivante, lors d'un référendum, 68% de la population blanche accepte la poursuite des réformes. En 1993, les opposants à Frederik De Klerk et Nelson Mandela, surtout le parti de l'Inkatha et les conservateurs, se lancent dans la bataille, jouant leurs dernières cartes. Le pays se trouve au bord de la guerre civile, mais la raison finit par triompher. Les premières élections multiraciales sont agendées au 27 avril 1994. L'ONU lève ses sanctions économiques; Nelson Mandela et Frederik De Klerk reçoivent conjointement le prix Nobel de la paix.

Nelson Mandela président

En janvier 1994, la rentrée des classes s'accomplit pour la première fois dans un esprit multiracial. Le dimanche 24 avril 1994, de longues queues, regroupant toutes les races, tous les clans, toutes les ethnies, se forment devant les bureaux de vote. «One person, one vote». Nelson Mandela est élu à la présidence, premier Noir à diriger l'Afrique du Sud, un des plus riches et des plus beaux pays du monde. Un peu plus d'un siècle après la ruée vers l'or et le diamant, des milliers de touristes émerveillés se précipitent à leur tour vers les trésors culturels et les sites naturels de l'Afrique du Sud.

Tout voir

L'Afrique du Sud est une véritable mosaïque d'ethnies et de paysages, de cultures et de traditions, de faune sauvage et de flore rare. Ses provinces couvrent chacune un immense territoire en assurant le renouvellement constant et la diversité des sites naturels et culturels. Tout voir ? Pourquoi pas, mais alors prévoyez plusieurs voyages, puisque de toute manière vous aurez envie de revenir sur ces terres d'aventure.

La nouvelle répartition géographique des provinces touristiques de l'Afrique du Sud comprend, depuis 1995, neuf régions principales, soit Gauteng (anciennement PWV) ; Northern Province ; North-West ; Mpumalanga ; Free State ; KwaZulu-Natal ; Eastern Cape ; Northern Cape et Western Cape.

GAUTENG

Johannesburg, Soweto, Pretoria, Cullinan

La région PWV, comprenant Pretoria, Witwatersrand, Johannesburg et Vereeniging a été rebaptisée Gauteng («lieu d'or» en sotho) en 1994. Elle recense près de huit millions d'habitants. Desservie en direct de plusieurs villes d'Europe, Johannesburg ouvre généralement aux voyageurs les portes de l'Afrique du Sud.

Johannesburg

Etalée sur un plateau à 1800 m d'altitude, capitale économique et commerciale jalonnée de plaisants magasins et d'immeubles futuristes, Johannesburg se visite surtout la veille du retour en Europe, pour les achats de dernière minute. La ville est née en 1886, lorsqu'un certain George Harrison trouva une énorme pépite d'or, prétexte au déclenchement d'une formidable ruée vers ce précieux métal jaune, dans laquelle s'engagèrent des milliers de colons. Rapidement, la République boer du Transvaal décida la mise en chantier d'une cité nouvelle, à laquelle on donna le nom de Johannesburg. Ce boom économique attira l'attention des Britanniques, qui annexèrent la ville au terme de la guerre anglo-boer (1899–1902). En un demi-siècle, cette région sauvage et désertique vit alors s'édifier l'une des plus grandes villes du monde.

Carlton Center

Sur Commissioner Street, le Carlton Center, construit en 1971, héberge 200 boutiques et constitue le centre d'excursion et de shopping le plus pratique et le plus attractif de la cité. Au 50e étage de sa tour panoramique, on découvre une vue magnifique du centre de la ville, truffé de buildings ultramodernes. Parmi les plus hauts, les 117 m de la Tour Tygerberg et les 124 m de la Trust Bank, datant de 1967 et 1970, ont relégué les 70 m de l'ancienne tour Ansteys, bâtie en 1936, à un rôle historique.

Diagonal Street

A moins d'un kilomètre à l'ouest du Carlton Center se développe, autour de la petite Diagonal Street, un autre complexe architectural moderne, où l'on semble avoir accordé plus de soin à la recherche esthétique qu'au gigantisme. L'utilisation du verre et de ses multiples réflexions enlève à la rue toute impression de claustrophobie. Construit en 1983, l'Anglo-American Building a été taillé comme un diamant. Ses multiples facettes reflètent les couleurs du temps et l'animation de ce quartier insolite, où la très active bourse de Johannesburg, qui propose un intéressant programme audiovisuel à ses visiteurs, voisine avec la chaîne de production du journal *Star*, le plus ancien des journaux sud-africains.

Fétiches et aphrodisiaques

Toujours autour de Diagonal Street, les amateurs d'emplettes hors du commun peuvent faire leurs courses dans les échoppes de sorciers africains, où ils trouveront toutes sortes de produits magiques, de fétiches, de statuettes, aux côtés d'aphrodisiaques. D'autres marchands, asiatiques ceux-là, proposent à bas prix différents produits de l'Inde. Mais les vrais commerçants orientaux se tiennent à l'Oriental Plaza, plus à l'ouest, dans le quartier de Newton.

Hillbrow

Au nord de la ville, à proximité de Hillbrow Hospital, le Musée Adler sur l'histoire de la médecine et de la dentisterie est certainement l'un des plus déconcertants de Johannesburg. A côté de nombreux instruments médicaux du XIXe siècle, on y présente notamment un curieux

JOHANNESBURG
N
PRETORIA
0
500 m
University of the Witwatersrand
Pieter Roos Park
J. G. Strijdom Tower
Civic Theatre
Civic Centre
Art Gallery
Railway Station
Museum Africa
Supreme Court
Stock Exchange
Public Library
Geological Museum
Carlton Centre
Jewish Museum
Magistrate's Court
De Villiers Graaff Motorway
François Oberholzer Motorway
Jan Smuts
Empire
Victoria
Jubilee
Rock Ridge
Eton
Sherborne
St. Andrews
Girton
Wellington
Hillside
Junction
Princess Place
Ridge
Boundary
York
St. Andrew
Harrow
Johnston
Louis Botha
Mitchell
Honey
High
Hillbrow
Doris
York St.
Barnato
Alexandra
Joel
Olivia
Tudhope
Lily
York Ave.
Fife
Claim
Banker
Bruce
Caroline
Goldreich
Van der Merwe
Pretoria
Kotze
Esselen
Kapteijn
Ockerse
Catherine
Abel
Soper
O' Reilly
Clarendon Place
Queens
Sam Hancock
Melle
Hoofd
Ameshoff
Stiemens
Loveday
Joubert
Hospital
Klein
Edith Cavell
Twist
De Korte
Jorissen
Juta
Smit
De Beer
Biccard
Queen Elizabeth
Wolmarans
Leyds
Harrison
Rissik
King George
Wanderers
Bok
Koch
Hancock
Noord
Quartz
Banket
Nugget
End
Davies
Sherwell
Saratoga
Buxton
Height
Nind
Pearse
Beit
Siemert
Currey
Rockey
Moseley
Sivewright
De Villiers
Plein
Eloff
Bree
Troye
Kerk
Mooi
Goud
Jeppe
Small
Pritchard
President
Market
Commissioner
Main
Marshall
Kruis
Phillips
Greene
Albert
Durban
Meikle
School
Polly
Delvers
Von Wielligh
Anderson
Frederick
Fox
Carr
West
Sauer
Simmonds
Diagonal
Park
Avenue
Hall
Wemmer
Jubillee
Trump
Webber
Ignatius
Eloff Ext

herbarium africain et le «cabinet médical» d'un sorcier. Mais on y retrouve aussi une vitrine consacrée au Professeur Barnard, qui réussit en 1969 la première greffe cardiaque.

Ce musée se situe à quelque 300 m du quartier cosmopolite et populaire de Hillbrow, dont les nombreux restaurants et boîtes de nuit ouvrent aux épicuriens et aux noctambules les plaisirs gastronomiques ou trépidants de leurs salles obscures. Ce secteur pittoresque ne se prête cependant guère aux flâneries solitaires. Pour des raisons évidentes de sécurité, il est donc conseillé de se déplacer en groupe ou de se rendre en taxi jusqu'à l'établissement souhaité.

Théâtre Windybrow

Construit en 1896 dans le style Tudor, ce beau manoir se situe aussi à Hillbrow et a été déclaré monument national. La section dramatique du Conseil des Arts théâtraux du Transvaal y a établi son siège.

Market Theatre

A 400 m au nord-ouest de Diagonal Street, le bel ensemble du Market Theatre réunit dans ses quatre salles quelques-uns des meilleurs acteurs d'Afrique du Sud. Ce complexe artistique, qui comprend aussi deux galeries, un restaurant, un bar et une allée marchande, paraît en mesure de satisfaire tous les désirs puisqu'il héberge encore chaque week-end un marché aux puces.

Et puisque vous êtes au Market Theatre, pourquoi ne pas visiter tout près de là, sur Bree Street, le Musée Africana, où l'on peut contempler d'admirables collections de peintures bochimanes.

The Wilds

La flore indigène s'épanouit à 4 km au nord du centre ville, sur Houghton, dans la belle réserve

1 **LA PLUS BELLE RÉSERVE D'ANIMAUX SAUVAGES** Le célèbre **Parc national Kruger**, première réserve naturelle d'Afrique est l'un des plus fascinants sanctuaires d'animaux du monde. Etalé sur 19 000 km^2, il héberge 138 espèces de mammifères sauvages, 500 variétés d'oiseaux et plus de 100 sortes de reptiles… Pour faciliter l'approche de cette gigantesque concentration de faune dans son habitat naturel, on a aménagé, dans le seul Parc national Kruger, quelque 2500 km de routes et de pistes.

The Wilds. Une excursion conseillée à tous les passionnés de botanique qui n'auraient pas la possibilité de parcourir les nombreux autres parcs nationaux consacrés à la flore.

Ellis Park

A Doornfontein, 3 km à l'est du Carlton Center, Ellis Park voit affluer les amateurs de rugby. Les visiteurs, avec un peu de chance, pourront peut-être assister à un match de haut niveau, ou mieux, admirer les évolutions des Springboks, joueurs prestigieux de l'équipe sud-africaine. Rappelons que ce sont eux qui ont acquis sur ce stade, en juin 1995, le titre de champions du monde de rugby.

Gold Reef City

La Gold Reef City est devenue l'attraction touristique principale de Johannesburg. Près de 14,2 millions de kilos d'or ont été ramenés de ce site, transformé aujourd'hui en un vaste parc d'attractions et musée à ciel ouvert, où de fidèles reconstitutions historiques plongent les visiteurs à l'époque de la ruée vers l'or. Un ascenseur descend dans les mines jusqu'à 3200 m de profondeur. Et dans l'active cité des chercheurs d'or, les *saloons*, bars, banques et boutiques de l'époque font revivre cette fresque historique, assortie d'un programme d'attractions qui inclut aussi, deux fois par jour, des danses africaines.

Soweto

Quelques agences locales organisent des visites de Soweto (South West Township), offrant une approche édifiante de cette célèbre cité, née de la prospérité de Johannesburg. En effet, depuis 1945, l'urbanisation croissante des Noirs, que le gouvernement cherchait à maîtriser, soulevait de graves problèmes d'hygiène avec l'apparition de bidonvilles. Maladies, délinquance, prostitution venaient ainsi s'ajouter aux difficultés d'acculturation, obligeant l'Etat, devant la menace que posait cette urbanisation incontrôlée, à développer une politique immobilière en faveur des Noirs.

Soweto, avec ses petites maisons multicopiées, bâties sur un étage selon des plans facilitant l'intervention des forces policières et le démantèlement des organisations politiques anti-apartheid, en est l'aboutissement. Mais le résultat fut décevant, tant sur la diminution de la criminalité que du côté du confort. Plus d'un million de personnes vivent dans ce *township*, où l'on peut voir notamment la maison de Desmond Tutu et visiter les infrastructures de certaines communautés noires.

Pretoria

A moins d'une heure de route de Johannesburg, Pretoria, la capitale politique de l'Afrique du Sud, doit son nom à Andries Pretorius, le général qui remporta le 16 décembre 1838, à la tête de 464 Boers et quelque 200 serviteurs noirs, la bataille de Blood River, face à une armée de 3000 Zoulous. Son fils allait même accéder à la présidence du Transvaal.

Sur les traces de Paul Kruger

Fortement imprégnée de l'influence boer, Pretoria apparaît aujourd'hui comme une paisible cité administrative et universitaire. Elle devint capitale de la République boer du Transvaal en 1855, mais son développement, à l'instar de Johannesburg, ne commença vraiment qu'avec la fièvre de l'or de 1886, suivie par celle du diamant à Cullinan, située 20 km à l'est de la ville. Pretoria est également marquée par l'histoire de Paul Kruger, né en 1825, dernier président de la République du Transvaal, mort en Suisse en 1904. Sa maison, sur Church Street, a été transformée en musée, où l'on présente différents mobiliers et objets ayant appartenu à ce personnage légendaire, aux côtés de reliques datant de la guerre des Boers.

A 500 m à l'est, sur Church Square, on retrouve Paul Kruger, statufié par le sculpteur Anton van Wouw, dans un environnement de très beaux immeubles: à l'angle sud-ouest de la place, le Raadsaal (Chambre du Conseil) abrita jadis le siège de l'ancienne République sud-africaine; et au nord, le Palais de Justice, bâti en 1898, héberge la division du Transvaal de la Cour Suprême.

State Theatre

A l'est de Church Square, le State Theatre, devant lequel se tient tous les samedis un marché aux puces, réunit un magnifique complexe artistique de six auditoriums. Ce vaste temple voué au culte de l'art est utilisé pour la mise en scène de ballets, d'opéras, de pièces de théâtres, et accueille chorales et orchestres symphoniques.

City Hall

Plus au sud, sur l'avenue Paul Kruger, se détache l'Hôtel de Ville (City Hall), dont la tour de l'horloge abrite un carillon de 32 cloches, complété par un orgue de 6800 tuyaux. La façade est précédée des statues d'Andries Pretorius, leader des pionniers, et de son fils Marthinus Wessel Pretorius, fondateur de

Deux villes, deux visages: Union Buildings, Pretoria, et Diagonal Street, Johannesburg.

Pretoria. En face, le Musée d'Histoire naturelle du Transvaal exhibe d'intéressantes collections de mammifères et d'autres animaux, des vestiges géologiques et une collection de tous les oiseaux d'Afrique du Sud.

Union Buildings

Au milieu d'un grand parc agrémenté de beaux jardins, les superbes bâtiments de grès d'Union Buildings, conçus par Sir Herbert Baker, abritent le siège administratif du gouvernement et les Archives nationales. C'est en ces lieux que se déroula, le 10 mai 1994, devant 42 chefs d'Etat et 5000 dignitaires étrangers, la cérémonie d'investiture du nouveau président Nelson Mandela.

Voortrekker Monument

Cet événement n'a cependant pas ébranlé l'imposant monument des Voortrekkers, dominant, au sud, toute la ville de Pretoria. Cette œuvre en granit massif symbolise l'épopée du Grand Trek (1835–1838) et l'opiniâtreté des Voortrekkers dans leur combat pour l'indépendance.

Cullinan

A 50 minutes de route à l'est de Pretoria, la mine de diamants de Cullinan est toujours en activité. La cheminée de la mine Premier constitue la plus ancienne réserve de kimberlite connue de notre planète (1700 millions d'années). Le quart des pierres mondiales de plus de 400 carats bruts proviennent de cette mine.

La visite, uniquement à ciel ouvert, s'accomplit sous surveillance. A défaut de pouvoir ramasser quelques précieux déchets de kimberlite, il est possible, à la boutique de la mine, d'en acheter de petits morceaux qui contiennent parfois, paraît-il, de minuscules diamants.

2 **LES DEUX PLUS BEAUX MUSÉES DE PLEIN AIR** La **Gold Reef City** est une reconstitution d'une ville du temps de la ruée vers l'or à la fin du XIXe siècle. Entouré de majestueux paysages, **Pilgrim's Rest** (le repos du pèlerin) remonte lui aussi au temps de la fièvre de l'or. Sa «ville fantôme», avec ses vieilles maisons rénovées, ses orpailleurs et ses commerces de l'époque, plonge les visiteurs dans une atmosphère et une authenticité que ne pourront jamais restituer les plus beaux livres d'histoire.

Symétrie et couleurs vives inspirent les femmes artistes ndébélés.

Villages ndébélés

La visite d'un village traditionnel ndébélé enchante les photographes épris de polychromie. Au nord-est de Pretoria, dans la région de Cullinan, le Kwa-Ndebele offre une occasion unique de s'initier aux coutumes de cette communauté attachante. Les visiteurs sont accueillis aux portes d'une curieuse localité, composée de maisons-huttes bariolées de teintes vives. Bien avant l'avènement des cubistes en Europe, les femmes ndébélés pratiquaient déjà avec une étonnante maîtrise cette forme de peinture géométrique aux tons lumineux.

L'art cubiste des Ndébélés se fonde sur le trait droit, même si quelques cercles viennent parfois rompre opportunément cette kyrielle de lignes, de rectangles, de carrés superposés. Les artistes expriment leurs talents sur les murs de leurs habitations, tandis que des artisans utilisent ces motifs géométriques pour créer bijoux, couvertures et vêtements, dont s'inspirent souvent les grands couturiers du Cap ou de Johannesburg.

Ce sont exclusivement les femmes qui se livrent à cet art. Pendant ce temps les hommes, plus prosaïquement, travaillent dans les mines voisines.

NORD-OUEST

Sun City, Pilanesberg National Park

L'essentiel de la région se résume à Sun City et au Parc national de Pilanesberg. La première est intégralement artificielle et le second doit ses charmes à la nature.

Sun City

L'hallucinante «cité perdue» du Bophuthatswana, bâtie à 150 km de Johannesburg pour offrir aux Sud-Africains blancs une version locale de Las Vegas et leur permettre de réaliser tous leurs fantasmes, concrétise un délire insensé. Sol Kerzner, initiateur de ce complexe «dévergondé», a trouvé le moyen de détourner les lois sud-africaines prohibant les jeux. Ce fils d'émigrants russes né dans un modeste quartier de Johannesburg affirme fièrement avoir mobilisé 60 000 ouvriers pour construire ce lieu de plaisir. Chaque jour, quelque 16 millions de litres d'eau sont recyclés pour alimenter 70 500 m^2 de bassins.

Aux confins de ce semi-désert où l'on a fait jaillir l'eau, des jardiniers ont planté notamment 380 baobabs, 10 000 orchidées, 60 000 lys et près de 20 000 autres végétaux. Touristes, artistes et flambeurs arrivent aujourd'hui de toutes les parties du monde pour visiter cette ville artificielle affolante, jouer au golf, dépenser des fortunes à ses casinos, tenter le jackpot aux machines à sous, assister à ses spectacles ou vivre de curieux safaris au tout proche Parc national de Pilanesberg.

Chacun réalise ses rêves d'opulence, nage ou déguste des repas dans un univers de lacs frangés de vagues artificielles, coupés de tobogans aquatiques et d'immenses chutes d'eau. Puis s'initie au golf dans le désert, sur un green plus vert que du gazon anglais. On aime ou on déteste, mais personne ne peut rester insensible à cette cité extravagante.

Pilanesberg National Park

Les hôtels se situent au seuil du Parc national de Pilanesberg, où la savane, le lac Mankwe et une faune abondante garantissent d'inoubliables safaris-photos. Mais il faut se lever tôt pour voir les animaux et ce n'est pas toujours facile après une nuit à Sun City.

Eléphants grandeur nature à Sun City et zèbres... Nature au Pilanesberg National Park.

NORTHERN PROVINCE

Pietersburg, Parc national Kruger, Vers le Nord

Encadré à l'ouest par le Botswana, au nord par le Zimbabwe, à l'est par le Parc national Kruger, l'ancien Transvaal du Nord reste encore méconnu des touristes. Les roues en bois des chars à bœufs des Boers ont inauguré de leurs traces la grande route menant aujourd'hui de Pretoria vers le Zimbabwe. Dans cette région chargée d'histoire, ruines et vestiges émergent de forêts denses, coupées de cascades et parcourues par des torrents riches en truites. Des plantations de thé, et de vastes vergers contrastent avec la végétation subtropicale luxuriante.

Pietersburg

Première ville du Northern Province sur la route des voyageurs arrivant de Pretoria par la N-1, Naboomsprut est connue pour ses nombreuses sources thermales. Il faut encore accomplir plus d'une centaine de kilomètres pour atteindre Pietersburg, cité agricole active et chef-lieu du Transvaal du Nord, fondée en 1886. Un musée de plein air, celui de Bakone Malapa, à 9 km de la ville, offre la possibilité de visiter un *kraal* (village traditionnel) où l'on peut s'initier à la vie des Sothos du Nord.

Autour de Tzaneen

C'est aussi de Pietersburg que s'en vont vers l'est les principales artères menant dans la région de Tzaneen et au Parc national Kruger. Malgré le détour qu'elle impose, la route passant par le col de Magoebaskloof, à travers forêts et plantations de thé, propose le plus bel itinéraire. On y rencontre notamment le joli village de Haenertsburg, noyé au printemps dans les azalées et les cerisiers en fleurs; le lac du barrage d'Ebenezer, entouré de forêts de pins, et enfin les chutes d'eau et cascades de Debegeni, hautes de 80 m. Elles précèdent l'arrivée à Tzaneen, merveilleuse escale au milieu des plantations de tabac, de café, de fruits et de légumes.

Parc national Kruger

Des animaux, il y en a des milliers dans le célèbre Parc national Kruger. La partie septentrionale de cette immense réserve de faune appartient au Northern Province et garantit de mémorables rencontres avec les grands mammifères sauvages: hippopotames, éléphants, rhinocéros, lions, léopards, guépards, gnous, impalas, buffles, hyènes, girafes, zèbres…

Au parc Kruger: troupeau d'éléphants avec leurs petits, s'abreuvant à un point d'eau.

Le parc national Kruger occupe une superficie presque égale à la moitié de la Suisse. On peut loger dans de confortables bungalows équipés de toutes les commodités modernes ou faire du camping. Plusieurs réserves privées jouxtent le parc, offrant un hébergement luxueux et une approche plus intime de la faune.

Vers le Nord

En poursuivant vers le Zimbabwe par la N-1, on arrive à Louis Trichardt, cité historique dont le nom a été emprunté à l'un des plus célèbres Voortrekkers. Au sud de la ville, la Réserve naturelle de Ben Lavin accueille de nombreux mammifères et oiseaux, tandis qu'au nord-est, le sentier de randonnée du Soutpansberg franchit une zone de forêt truffée d'essences rares: cycas, fougères arborescentes, *podocarpus* et figuiers sauvages.

Au pays des baobabs

En continuant vers le Nord, on commence à rencontrer de nombreux baobabs. Ces grands arbres tourmentés ont tous été classés monuments nationaux. Les voyageurs pressés pourront en apercevoir un très beau spécimen 5 km avant Messina, sur la route N-1 menant vers la proche frontière du Zimbabwe.

Retour à Tzaneen, d'où l'on accède, vers le sud, aux plus beaux paysages du Mpumalanga, l'ancien Transvaal de l'Est. Le col d'Abel Erasmus, qui conduit au plateau du Drakensberg, ouvre cet itinéraire parsemé de sites majestueux.

Blyde River Canyon

Les grottes dolomitiques de l'Echo étaient déjà habitées à l'âge de la pierre. Et les 22 400 ha de la réserve de Blyderivierspoort, parsemés de nombreuses espèces végétales rares comme les aloès, les cycas, les orchidées et les fougères, sont coupés sur 26 km par le grandiose Canyon de la Rivière Blyde, dont les vertigineuses falaises se dressent à une hauteur variant de 600 à 800 m. Un sentier aérien de randonnée de 56 km, jalonné de sites panoramiques superbes, relie God's Window au camp Swadini, en passant par les corniches de ce formidable canyon.

Huttes et marmites naturelles

La vue la plus spectaculaire sur ce canyon est offerte aux Three Rondavels, où trois énormes roches en forme de huttes africaines émergent de la falaise, quelque 700 m au-dessus de la rivière Blyde. A la jonction de ce cours d'eau avec la rivière Treur, les marmites géantes de Bourke's Luck Potholes constituent l'un des plus beaux exemples de rocs creusés par la force de l'eau et des galets. A God's Window, Dieu vous permet de regarder, de sa propre fenêtre, l'immense savane du Lowveld, prélude au Parc national Kruger.

C'est de ce site panoramique, situé au bord d'un escarpement dominant la plaine de 1000 m, que le Bochiman Xai a jeté sa bouteille dans le film *Les dieux sont tombés sur la tête*. Non loin de là, Pinnacle Rock ponctue d'une haute colonne de granit les mille et une fantaisies de cette région naturelle très appréciée des randonneurs et des cavaliers.

Jeux de chutes et cascades

Les grandes eaux des rivières ont elles aussi tenu à s'associer à ce spectacle de la nature. Hautes de 80 m, les magnifiques chutes de Berlin se précipitent de la montagne dans un bassin profond. Toutes proches, celles de Lisbonne, de forme semi-circulaire, s'associent à une autre vue étendue sur les reliefs tourmentés du canyon. Les plus visitées de la région sont cependant celles de

Le canyon de la rivière Blyde figure parmi les merveilles naturelles de l'Afrique du Sud.

Mac Mac, chutes jumelles qui doivent leur nom à l'affluence de prospecteurs écossais venus chercher fortune dans ces gorges au temps de la ruée vers l'or. A quelques centaines de mètres, les bassins de Mac Mac, avec leurs eaux limpides, se révèlent propices à la natation.

Pilgrim's Rest

Les bourgades forestières de Graskop et Sabie se situent au centre de ces paysages d'eaux vives et de rocs, mais c'est à Pilgrim's Rest que bat le cœur de ce pays bucolique. Vivant musée en plein air, Pilgrim's Rest offre la reconstitution parfaite de la petite cité bâtie en 1873 par les premiers pionniers lors de la ruée vers l'or. On y retrouve ses orpailleurs, offrant des démonstrations de lavage et d'extraction d'or pur.

Nelspruit

Capitale provinciale, Nelspruit, productrice de noix, de fruits subtropicaux et d'agrumes, se situe au sud de cette région naturelle, proche du parc Kruger et du Swaziland. Vers l'ouest, la route traverse le pays des Ndébélés du Sud, dont on peut visiter, à 15 km de Middelburg, le village et le musée, retraçant les formes de leur artisanat.

FREE STATE

Bloemfontein, Willem Pretorius Game Reserve, Ladybrand, Golden Gate Highlands

Occupant le Highveld du plateau central au sud de Johannesburg, l'Etat libre (anciennement d'Orange), fondé il y a plus d'un siècle, marque le cœur de l'Afrique du Sud. Cette vaste région, qui partage ses frontières avec plusieurs autres provinces ainsi que le Lesotho, est le grenier du pays. Ses immenses plaines à blé et à maïs ne l'empêchent cependant pas de puiser de nouvelles richesses dans ses gisements d'or, de diamants, d'uranium et de charbon.

Bloemfontein

La ville-jardin de Bloemfontein, capitale de cette séduisante province, constitue une étape intéressante. La Première Salle du Conseil (First Raadsaal), édifiée en 1849, est le plus ancien bâtiment de la cité; sous son toit de chaume délibérait l'Assemblée législative (Volksraad). La colonne et la mosaïque de la Fontein marquent la source qui fut à l'origine de la ville.

Bloemfontein est aussi la capitale judiciaire de l'Afrique du Sud et sa Cour d'Appel, siège de la plus haute autorité compétente du pays, possède plusieurs salles richement meublées. Edifiée en style victorien en 1885 et très bien restaurée, l'ancienne Présidence abrite un musée retraçant les mandats des présidents de l'ancienne République de l'Etat libre d'Orange.

Avant l'occupation de la ville par les Britanniques, en mars 1900, l'Assemblée siégeait dans la Quatrième Salle du Conseil (Fourth Raadsaal), toujours fière de ses colonnes doriques, de ses briques rouges et de sa tour chapeautée d'un dôme.

Willem Pretorius Game Reserve

Au nord, à proximité de la route de Johannesburg, la Willem Pretorius Game Reserve, qui encercle le grand lac du barrage d'Allemanskraal, se révèle tout particulièrement riche en rhinocéros blancs, qui évoluent à découvert au milieu d'une faune abondante. La végétation clairsemée facilite l'approche et la photographie des animaux, que l'on peut aussi observer d'une haute colline dominant la savane.

Ladybrand

A Ladybrand, les fossiles, les roches peintes et les divers instruments et outils bochimans du

Exemple insolite de recyclage: 55 000 bouteilles de bière composent les murs de Cinderella Castle, dans la pittoresque cité de Clarens.

Catharina Brand Museum, datant de l'âge de la pierre, invitent à la découverte des nombreux sites archéologiques de la région. Ceux de Rose Cottage Cave et de Modderpoort Cave Church figurent parmi les plus importants. Jusqu'à Harrismith, une multitude de sites naturels hors du commun jalonnent la frontière avec le Lesotho.

Golden Gate Highlands

La réserve de Sterkfontein Dam attire les ornithologues et les pêcheurs, mais c'est au Golden Gate Highlands National Park, dans un prodigieux décor montagnard survolé par des vautours du Cap, des aigles noirs et des gypaètes barbus, parmi des centaines d'espèces d'oiseaux, que la faune ailée est la plus intéressante à observer.

Refuge d'artistes, la cité de Clarens et son Cinderella Castle, construit avec 55 000 bouteilles de bière, offre une belle vue sur les Monts Maluti.

Le village de Fouriesburg se situe au départ du Brandwater Hiking Trail, chemin de randonnée menant vers la fantastique caverne calcaire de Salpeterkrans, la plus grande de l'hémisphère sud, creusée dans une région réservée en priorité aux marcheurs.

KWAZULU-NATAL

Durban, Au Pays des Zoulous, Littoral sud, Pietermaritzburg, Le Drakensberg

Les majestueuses montagnes du Drakensberg délimitent à l'ouest la province du KwaZulu-Natal, dont l'est appartient au superbe littoral de l'océan Indien. Vasco de Gama, qui longea ces côtes pendant les fêtes de Noël 1497, leur donna le nom de Natal. Commerçants, chasseurs et marchands d'ivoire s'établirent à Port-Natal à partir de 1823. Le port fut plus tard rebaptisé Durban pour honorer Sir Benjamin d'Urban, gouverneur du Cap.

Durban

Occupée par les Boers pendant le Grand Trek, puis reprise par les Anglais, Durban, aujourd'hui le plus grand port du pays, est à l'Afrique du Sud ce que Miami est aux Etats-Unis. Imprégnée de senteurs d'épices, la plus importante ville de la province – et la troisième d'Afrique du Sud avec près de 800 000 habitants – paraît tout entière vouée au culte de la mer. Le long de son immense chapelet de plages lumineuses, les surfeurs affrontent les vagues océanes. Dans cette capitale touristique, sur des greens parfaitement aménagés, les golfeurs peuvent également donner libre cours à leur passion.

Le front de mer

Le front de mer, à Durban, rappelle vaguement la baie de Nice ou de Copacabana, charme en moins. Son Golden Mile s'étend sur… 8 km, un parcours cosmopolite entre restaurants internationaux, hôtels de luxe et plages bien surveillées.

Un grand parc d'attractions avec trains miniatures, manèges et promenades en bateaux anime cet univers de béton et de piscines, coloré par les multiples étals des femmes zouloues. Curieusement, ces marchandes proposent partout les mêmes objets d'artisanat, pendant que d'autres Zoulous, «guerriers» ceux-là, transportent les touristes à bord de leurs rickshaws abondamment décorés.

Sea World et reptiles…

Cet immense solarium urbain séduit aussi les familles par son Sea World, où de nombreux spectacles favorisent les ébats programmés d'une élite de dauphins, d'orques, de phoques et autres pingouins. On peut aussi y

Station de taxi à la mode zouloue dans les rues de Durban.

admirer une infinie variété d'animaux marins, notamment des poissons tropicaux, des requins et des tortues.

Plus au nord, le Parc aux Serpents (Snake Park) vous ouvre un monde fascinant de reptiles, riche d'une centaine d'espèces, dont une soixantaine sont originaires d'Afrique. Des crocodiles et des iguanes complètent cette collection vivante.

Marchés et sanctuaires

La plus orientale des grandes cités sud-africaines s'agrémente aussi de marchés indiens. Dans ce genre, le Victoria Street Market, installé dans un bâtiment dont les nombreux dômes rappellent certains palais de l'Inde, est incontournable. Ses échoppes proposent toutes les épices de l'Orient, auxquelles il faut ajouter les produits manufacturés et les souvenirs les plus hétéroclites.

Cet aspect oriental est encore accentué par de remarquables sanctuaires, tels que la mosquée voisine de Juma et plus au sud, à Chatsworth, près de la route menant à l'aéroport, le splendide Temple indien de la Compréhension. Bâti par le Krishna Consciousness Movement, cet authentique chef-d'œuvre de l'architecture religieuse mérite également d'être visité pour l'opulence de son intérieur. Il est vrai que les Indiens, arrivés en Afrique du Sud vers 1860 pour travailler dans les plantations de canne à sucre, ont toujours marqué de leur influence le commerce local.

Flânerie au centre de la ville

L'impressionnant Hôtel de Ville (City Hall) désigne le centre de Durban et abrite non seulement la Bibliothèque publique, mais encore le Musée des Arts et celui des Sciences naturelles, dont la section ornithologique mérite une visite.

Ces temples du Savoir voisinent avec le complexe du Théâtre du Natal, ensemble ultramoderne de cinq salles considéré comme le cœur de l'art scénique de la province. Votre promenade au centre de la ville peut être complétée par un tour du port en bateau au départ de Victoria Embankment. Cela vous permettra aussi de jeter un coup d'œil au passage à la Gama Clock, horloge offerte par le Portugal à la ville de Durban en 1897, pour commémorer les 400 ans de la découverte du Natal par Vasco de Gama.

Au pays des Zoulous

De nombreuses excursions, au départ de Durban, mènent au pays des Zoulous et aux principaux sites naturels de la province. Si les paisibles Ndébélés séduisent surtout par le sens artistique de leurs femmes, leurs cousins Zoulous, dont les traditions sociales et linguistiques présentent pourtant maintes similitudes, se distinguent en priorité par leur sens aigu du combat.

A cet égard, les Zoulous figurent certainement parmi les guerriers les plus combatifs, les plus colorés et les plus impressionnants de toute l'Afrique australe.

Visite d'un kraal

Plusieurs villages traditionnels zoulous (*kraal* en Afrikaans) peuvent être visités dans la province du KwaZulu-Natal. Le plus intéressant et le mieux organisé est celui de Kwabhekithunga, à Shakaland, à 15 km d'Eshowe et à quelque 150 km au nord de Durban. Ce kraal, entièrement reconstitué pour le tournage du film *Shaka-Zoulou* et géré aujourd'hui par une chaîne hôtelière,

LES ZOULOUS ET LA DANSE...

Les vastes paysages du Zoulouland sont animés par des autochtones fascinants. Leurs jeux et leurs danses se confondent, les enfants étant initiés très tôt aux chorégraphies traditionnelles de leur clan. Chaque geste possède une signification, traduit une pensée. La danse permet aussi de pactiser avec les dieux, de consacrer l'initiation des filles et des garçons, de raconter une aventure, de célébrer un exploit.

Au Zoulouland, tout enfant naît danseur. Les rythmes apportent la joie, symbolisent l'espoir.

Le temps de la danse, les Zoulous retrouvent toute leur fierté d'hommes libres. Une liberté qui fut apprise bien avant l'adolescence, au *kraal*, dans ces villages de huttes aux murs de boue séchée, recouvertes de toits de chaume. En dansant, les enfants zoulous jouent peut-être aussi au soldat. Ils réapprennent simplement les rites des glorieux guerriers d'antan.

De petits garçons, tenant dans leur main un bouclier et un bâton, parfois une sagaie, prennent appui sur une jambe, puis lancent l'autre pied très haut vers le ciel, avant de le laisser retomber avec force, comme s'ils voulaient ouvrir de profonds abysses dans le sol. «Nous sommes les hommes de la Danse, dont les pieds reprennent vigueur en frappant le sol dur» avait écrit le président-poète sénégalais Léopold Sédar Senghor...

Accueil d'un autochtone devant sa case au Zoulouland.

s'applique avec bonheur à présenter fidèlement toutes les coutumes et traditions du peuple zoulou. On peut ainsi déguster quelques plats de la cuisine traditionnelle et assister à de nombreux spectacles de danses et de rites locaux.

D'Eshowe à Durban

Dans la petite cité voisine d'Eshowe, premier centre administratif du Zoulouland britannique, le fort anglais de Nongqai, bâti en 1883, abrite maintenant le Musée historique du Zoulouland. Le retour à Durban doit impérativement emprunter la route de l'intérieur – compter deux bonnes journées pour le circuit complet avec la visite de Shakaland – à travers les panoramas des collines du Zoulouland, où d'autres communautés et d'autres *kraal* zoulous, tels qu'Assagai Safari Park et Phe-Zulu, sur la route de la Vallée des Mille Collines, entre Pietermaritzburg et la côte, vous convient aussi à mieux connaître leur fascinant folklore.

Réserves de faune

Si votre voyage vous conduit plus au nord, vers le Parc national Kruger, ne manquez surtout pas de parcourir les nombreuses réserves de faune qui jalonnent le littoral de l'océan Indien jusqu'à la frontière du Mozambique.

St Lucia se révèle sans doute la plus fascinante pour les ornithologues, avec ses lacs, ses dunes et ses plages habitées par d'innombrables variétés d'oiseaux, ainsi que par des crocodiles et des hippopotames. De ces derniers, on recense plus de 200 têtes autour du lac Sibaya, l'une des plus grandes étendues d'eau du pays. Tandis que les réserves d'Umfolozi et de Hluhluwe, qu'il faut absolument visiter, ont principalement fondé leur réputation mondiale sur leurs rhinocéros blancs et noirs, que l'on admire aux côtés de buffles, d'éléphants, de girafes et de léopards.

Littoral sud

De Durban à Port Edward, le littoral sud offre au moins cent stations balnéaires équipées. Nos préférences vont toutefois à Amanzimtoti et ses Nyoni Rocks, secteur le plus fréquenté de cette belle plage de 7 km; à Margate, la station favorite des jeunes; et à Shelly Beach pour ses coquillages.

La réserve naturelle de Vernon Crookes, riche de ses nombreux oiseaux, élands du Cap, zèbres, gnous bleus et impalas, comme celle d'Oribi Gorge, où l'on débusque des léopards, antilopes, babouins, et aigles entre deux falaises de grès de 24 km de long, proposent des alternatives vivantes aux plaisirs de la mer.

La Wild Coast

Ce périple balnéaire peut se prolonger sur la grandiose Wild Coast, au-delà de Port Edward et jusqu'à East London, en franchissant l'ancienne frontière du Transkei. Cette Côte sauvage multiplie les sites spectaculaires, l'océan affrontant parfois la montagne avec une violence inouïe. L'action des vagues, ciselant le roc, a ainsi créé, comme à Hole in the Wall, près de Mincwasa Point et Coffee Bay, un énorme trou dans une paroi rocheuse. Les plus beaux paysages de cette côte ont été transformés en réserves naturelles, mais leur accès, à partir de la grande artère N-2, n'est pas toujours aisé, le relief ayant empêché la construction d'une route longeant le littoral.

Pietermaritzburg

Au cœur du pays zoulou, la ville de Pietermaritzburg, dont la vieille cité apparaît encore truffée de bâtiments historiques, distille l'atmosphère des Voortrekkers qui arrivèrent en ces lieux fertiles en 1837 et fondèrent une bourgade en la baptisant des noms de leurs glorieux chefs, Piet Retief et Gerrit Maritz. D'anciennes demeures et un musée rappellent leur passage, le meilleur exemple étant offert par la Voortrekker House, la plus ancienne maison à deux étages de la ville, soigneusement restaurée et meublée.

Six ans plus tard, Pietermaritzburg vit cependant affluer les Anglais, qui installèrent en ces lieux une garnison militaire, en choisissant cette ville comme centre administratif de la colonie. Bon nombre d'immeubles rappellent d'ailleurs cette présence coloniale.

L'Hôtel de Ville, bâtiment victorien de briques rouges, où 12 cloches carillonnent au sommet d'un clocher de 47 m, est le plus grand édifice en briques de l'hémisphère sud. Les façades de certains immeubles, parfois édouardiens, souvent victoriens, dominent d'étroites ruelles, pavées elles aussi de briques rouges. Même les collèges, ici, s'évertuent à maintenir les grandes traditions britanniques. A noter que sur la route de Howick, à 305 m d'altitude, le belvédère de World's View, avec table d'orientation, offre un panorama étendu sur la ville et la région.

Pietermaritzburg occupe une situation privilégiée au milieu du KwaZulu. Ulundi, la capitale administrative de la province, à 200 km au nord-est, près de la réserve de faune d'Umfolozi, possède un musée culturel présentant d'intéressants documents de l'histoire zouloue.

Randonnées

Les environs de Pietermaritzburg invitent à toutes sortes de randonnées. Le Green Belt Trail mène à pied ou à cheval sur des terrains où prolifèrent différentes variétés de plantes et d'animaux ; la route des Arts et des Artisans parcourt les Midlands, jalonnés de ravissantes auberges, et s'en va à la rencontre, notamment

3 **LES TROIS PLUS BELLES RÉGIONS BALNÉAIRES** La première se compose de toutes les stations disséminées autour du cap de Bonne-Espérance, soit de **Lamberts Bay** au **cap des Aiguilles**, le point le plus austral de l'Afrique. La seconde conduit de **Mossel Bay** à **Port Elizabeth** par la fameuse Route des Jardins. Et la troisième comprend l'immense chapelet de **plages du KwaZulu-Natal**, dont Durban marque le centre et qui, du sud au nord, mène de Port Edward à St Lucia.

autour de la ville de Nottingham Road, de tisserands et de potiers. Dans la belle vallée d'Umgeni, où s'ébattent plus de 200 espèces d'oiseaux, les chutes spectaculaires de Howick plongent d'une hauteur de 100 m au milieu d'une nature sauvage en perpétuelle évolution.

Le Drakensberg

Le long de la frontière du Lesotho, pays des cavaliers-montagnards, les hauts reliefs tourmentés du Drakensberg, la montagne du Dragon, alignent quelques-uns des plus hauts sommets d'Afrique du Sud. Douze d'entre eux dépassent 3000 m d'altitude. Au pied de ces hauts murs de basalte, de magnifiques réserves naturelles offrent de nombreuses possibilités d'hébergement aux randonneurs et alpinistes.

Royal Natal

Parmi ces réserves, le Parc national du Royal Natal vaut à lui seul le voyage. Son «amphithéâtre» compose un cercle de basalte de 8 km gardé par deux pics hallucinants: le Sentinel (3165 m) et l'Eastern Buttress (3047 m). Le parc est également dominé par le Mont-aux-Sources (3284 m) d'où la rivière Tugela amorce une série de chutes atteignant un total de 2000 m depuis le rebord du plateau.

Giant's Castle

Installés au centre du Drakensberg, le parc et la réserve de Giant's Castle, peuplés d'élands, d'antilopes et de vautours du Cap, doivent aussi leur célébrité à leurs nombreuses grottes, couvertes de fresques murales peintes par les Bochimans.

L'une des plus fascinantes et des plus aisément accessibles, décorée de 546 peintures, se situe à 2 km à peine du camp (où le logement prend la forme de chalets aux toits de chaume). Dans une autre grotte de la région, on a même dénombré 750 fresques murales.

Riches en gibier et en eau, les montagnes du Drakensberg ont longtemps servi de refuge aux paisibles Bochimans, qui vivaient en Afrique australe des milliers d'années avant l'arrivée des premiers Européens. Chassées de leurs gîtes par des clans guerriers, ces tribus primitives ont laissé derrière elles une riche collection de fresques murales, traduisant les faits essentiels de leur vie quotidienne. Cet art pariétal met le plus souvent en évidence des hommes et des animaux (notamment des élands), nombre de guerriers participant à des batailles ou de sorciers pratiquant divers rites, etc. Les plus anciennes de ces peintures rupestres ont été conçues il y a 27 000 ans…

EASTERN CAPE

East London, Port Elizabeth, Graaff-Reinet, Le Karoo

A mi-chemin entre Durban et Bonne-Espérance, le Cap de l'Est, à la fois maritime et montagneux, assure la transition entre l'exubérance tropicale du KwaZulu-Natal et les richesses touristiques du Cap de l'Ouest. Deux des principaux ports du pays, East London et Port Elizabeth, marquent les étapes les plus importantes d'un littoral jalonné d'agréables stations balnéaires.

East London

Sur la rivière Buffalo, la vie active d'East London, le plus grand port fluvial d'Afrique du Sud, contraste avec la sérénité de ses immenses plages et de ses lagons. Son musée exhibe fièrement un cœlacanthe empaillé, descendant moderne d'un poisson préhistorique, ainsi qu'un rarissime œuf de dodo.

Les amateurs de shopping se retrouvent au complexe… pénitentiaire d'Old Lock Street Gaol, reconverti en un luxueux centre commercial. Quelques cellules ont été transformées en bars.

Port Elizabeth

Les plages d'Algoa Bay font la fierté, légitime, des habitants de Port Elizabeth, dont certains bâtiments victoriens, notamment ceux de Donkin Street, classés monuments nationaux, justifient une étape dans cette ville industrielle, entourée de stations balnéaires. Fondateur de Port Elizabeth, qui s'est développée vers 1820 avec l'arrivée de 4000 colons britanniques, Sir Rufane Donkin a donné à cette cité le prénom de sa femme. Les reptiles du Parc aux Serpents, les oiseaux exotiques de Tropical House, avec les dauphins et les phoques de l'Oceanarium assurent les spectacles entre deux bains dans l'océan. Les fans de trains à vapeur empruntent, surtout au printemps pour les fleurs et en été pour les parfums de fruits, l'Apple Express, sur une centaine de kilomètres de voie étroite (61 cm). Il relie à travers de superbes paysages les villes de Port Elizabeth et Loerie, dans la vallée fruitière de Longkloof.

Dans l'arrière-pays, les quarante églises et les deux musées de Grahamstown nous ramènent au temps des pionniers.

Graaff-Reinet

C'est surtout Graaff-Reinet, fondée en 1786, à 270 km au nord-ouest de Port Elizabeth, qui gère

Le tock à bec jaune vit en petits groupes dans les forêts du Cap de l'Est.

le plus bel héritage architectural de la région. Dans la vieille ville, un ensemble de 220 bâtiments et demeures privées, la plupart classés monuments nationaux, réunit aussi bien des maisons avec pignons de style hollandais du Cap et des cottages à toits plats du Karoo que des villas victoriennes. Graaff-Reinet est la quatrième plus ancienne ville européenne d'Afrique du Sud.

Le Karoo

Aux portes de Graaff-Reinet, la Réserve naturelle du Karoo – à ne pas confondre avec le Parc national du Karoo situé plus à l'ouest – propose 16000 ha de végétation rare, où l'on peut observer des zèbres, des antilopes et des gnous. Ce parc protégé comprend encore la Vallée de la Désolation où les pluies, le vent et le soleil, artisans du temps, ont sculpté dans la roche d'étranges cathédrales.

Près de Cradock, centre agricole animé sur les rives de la Great Fish River, le Mountain Zebra National Park a été créé pour assurer la survie du zèbre des montagnes du Cap, mais on peut aussi y apercevoir d'autres animaux. Situé au flanc nord de la chaîne du Bankberg, haute de 2000 m, ce parc offre de superbes panoramas sur le Karoo.

NORTHERN CAPE

Chutes d'Augrabies, Kalahari Gemsbok National Park, Le Namaqualand et le Richtersveld, Kimberley

Encadré au nord par le Botswana et la Namibie, à l'est par l'Etat libre (Free State) et à l'ouest par l'océan Atlantique, le Cap du Nord est la plus grande province du pays. Aride, sauvage, souvent désertique, c'est une région que les étrangers négligent trop souvent de visiter, sans doute en raison de son éloignement des grands centres urbains. Mais l'accès est facile et l'on y rencontre quelques-uns des plus beaux sites d'Afrique du Sud, dont plusieurs réserves et quatre parcs nationaux majeurs.

Chutes d'Augrabies

A 120 km d'Upington, les eaux de la rivière Orange s'élancent d'une hauteur de 148 m dans une profonde gorge granitique, formant les spectaculaires chutes d'Augrabies. Le fracas du rideau tourbillonnant d'eau contre le roc avait déjà attiré l'attention des Hottentots, dont le mot *augrabies*, qui signifie «lieu assourdissant» dans leur langue, a été utilisé pour baptiser ces chutes.

Ce magnifique parc national, parfaitement équipé, a été pourvu d'une aire de camping et de bungalows. Les environs de ce site naturel sont peuplés de léopards, de rhinocéros, d'élands, de babouins, de springboks et d'antilopes.

Kalahari Gemsbok National Park

A 300 km au nord d'Upington, le Kalahari Gemsbok National Park pénètre de plain-pied dans le vaste désert du Kalahari, dernier refuge des Bochimans, étalé sur 1,2 million de km^2, touchant aussi la Namibie et surtout le Botswana. Créé en 1931, ce parc national couvre 9500 km^2. C'est le deuxième du pays après le parc Kruger. Lions, léopards, guépards, hyènes, oryx (gemsboks), chiens sauvages, gnous, springboks, antilopes et meerkats hantent ses dunes de sable. Les camps de Twee Riveren, Mata Mata et Nossob offrent de bonnes possibilités de logement et de ravitaillement.

Le Namaqualand et le Richtersveld

De la fin du mois d'août à fin septembre, après les pluies du printemps austral, les terres ingrates et arides du Namaqualand se métamorphosent en un immense tapis de 4000 variétés de fleurs aux couleurs vives.

Plus au nord, près de la frontière, à quelques kilomètres du Fish River Canyon, merveille de la Namibie, le Richtersveld National Park prolonge ce festival de fleurs endémiques. Dans ses montagnes rocailleuses et ses immenses plaines de sable, la moitié de ces splendeurs florales sont en effet introuvables ailleurs. Les halfmens, avec leurs troncs couronnés par une touffe de feuilles ressemblant à une tête humaine, figurent sans doute parmi les plus étonnantes.

Kimberley

A 160 km à l'est de Bloemfontein, la ville de Kimberley, cité mythique du diamant, attend les amateurs de pierres lumineuses. Quatre grandes mines se partagent l'essentiel des trésors dissimulés dans un gigantesque labyrinthe de galeries. Après la Gold Reef City de Johannesburg et ses pépites d'or, le visiteur entre dans un monde minéral impressionnant. Retour à l'âge de la pierre taillée. Et quelles pierres !

Dans le Big Hole de Kimberley, le plus grand cratère du monde creusé à mains d'homme, on a remué, dès 1869, près de 28 millions de tonnes de terre pour obtenir trois tonnes de diamants bruts. Ce trou géant couvre une superficie de 11 hectares. Plus de 30 000 mineurs y ont travaillé. Le site et son environnement ont été transformés en musée à ciel ouvert, où l'on a minutieusement reconstitué une cinquantaine de bâtiments – maisons, églises, pubs et magasins – tels qu'ils se présentaient vers 1880, en pleine fièvre du diamant. Pour y aller, vous pouvez prendre un tram à City Hall.

4 **LES QUATRE PLUS BEAUX TRAINS** Le **Train Bleu**, né en 1901 et transformé en convoi de luxe en 1972, relie Pretoria (et Johannesburg) à Cape Town (et vice versa). Le **Diamond Express** part de Pretoria et Johannesburg pour Kimberley et Bloemfontein dans l'ambiance des pionniers rêvant d'or et de diamants. Le **Transkaroo Express**, après Kimberley, transite par Worcester et Cape Town avant de revenir à Pretoria par Beaufort West. Super luxueux, le **Rovos Rail** suit différents itinéraires, l'un d'eux rejoignant même les chutes Victoria au Zimbabwe !

WESTERN CAPE

Cape Town, Cap de Bonne-Espérance, Vignobles, La Route des Jardins, La côte de l'Ouest

Le Cap de l'Ouest apparaît à beaucoup de Sud-Africains comme la plus belle et la plus diversifiée de toutes les régions du pays. Il est vrai que ces terres généreuses, encerclées par les océans Atlantique et Indien, à l'image du cap de Bonne-Espérance, se situent aux origines de l'histoire européenne de l'Afrique du Sud.

Cape Town

Ourlée de belles plages mondaines, la cité du Cap apparaît aujourd'hui comme l'une des plus séduisantes villes du monde. Fondée en 1652 par Jan Van Riebeeck pour offrir un point de ravitaillement aux navires de la Compagnie hollandaise des Indes, Le Cap rayonne effectivement sur une multitude de sites naturels et culturels exceptionnels. Adossée à sa célèbre montagne de la Table, elle oppose ses anciennes maisons coloniales à de vertigineux gratte-ciel, en regardant les vagues océanes déferler sur son littoral. L'histoire et l'art y sont omniprésents.

Parlement et Hôtel de Ville

Le Parlement, siège du pouvoir législatif d'Afrique du Sud, installé sur Government Avenue, abrite aussi un musée historique, des œuvres d'art et surtout les souvenirs du premier Parlement du Cap, datant de 1854. L'avenue longe les anciens jardins de la Compagnie hollandaise des Indes orientales (Company's Gardens), dont une partie a été transformée en un splendide jardin botanique.

A 300 m de là, sur Darling Street, l'Hôtel de Ville (City Hall) emprunte son architecture imposante à la Renaissance italienne et au style colonial britannique. Ce remarquable bâtiment, construit en 1905 et qui sert aujourd'hui de salle de concerts, est mis en évidence par une vaste esplanade, vivante et animée, où s'installe chaque jour un marché.

Château de Bonne-Espérance

Bâti en 1666, le château de Bonne-Espérance figure parmi les plus anciennes constructions européennes de toute l'Afrique australe. Cet imprenable château fort, construit en forme d'étoile, n'a cependant jamais subi aucun siège et ne doit finalement sa célébrité qu'à la réputation des fortes personnalités… emprisonnées entre ses murs. Cérémonie

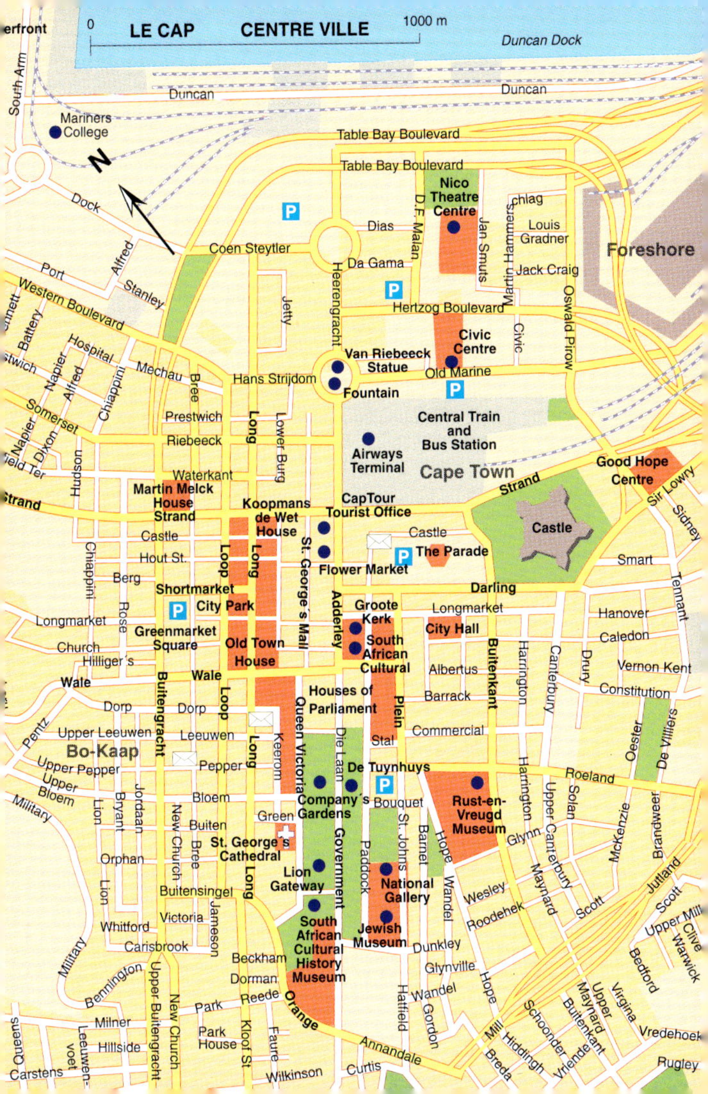

LE CAP CENTRE VILLE
0
1000 m
Duncan Dock
erfront
South Arm
Duncan
Duncan
Mariners College
Table Bay Boulevard
Table Bay Boulevard
N
Dock
Coen Steytler
Dias
Da Gama
Nico Theatre Centre
D.F. Malan
Jan Smuts
Martin Hammerschlag
Louis Gradner
Jack Craig
Oswald Pirow
Foreshore
Port
Alfred
Stanley
Western Boulevard
Jetty
Heerengracht
Hertzog Boulevard
Civic Centre
Civic
Battery
Hospital
Napier
Alfred
Chiappini
Mechau
Bree
Hans Strijdom
Van Riebeeck Statue
Fountain
Old Marine
Somerset
Napier
Dixon
Prestwich
Long
Lower Burg
Central Train and Bus Station
Riebeeck
Airways Terminal
Cape Town
Hudson
Waterkant
Martin Melck House
Strand
Strand
Koopmans de Wet House
CapTour Tourist Office
Strand
Good Hope Centre
Sir Lowry
Sidney
Castle
Castle
Castle
Hout St.
Loop
Long
St. George's Mall
The Parade
Chiappini
Berg
Flower Market
Smart
Shortmarket
Adderley
Darling
Tennant
City Park
Groote Kerk
Longmarket
Longmarket
Rose
Hanover
Greenmarket Square
City Hall
Caledon
Church
Old Town House
South African Cultural
Hilliger's
Buitenkant
Harrington
Canterbury
Drury
Vernon Kent
Wale
Wale
Albertus
Constitution
Buitengracht
Loop
Houses of Parliament
Barrack
Dorp
Dorp
Queen Victoria
Plein
Oester
De Villiers
Upper Leeuwen
Leeuwen
Die Laan
Commercial
Pentz
Long
Keerom
Stal
Bo-Kaap
Pepper
De Tuynhuys
Roeland
Upper Pepper
Harrington
Upper Bloem
Bloem
Company's Gardens
Bouquet
Rust-en-Vreugd Museum
Upper Canterbury
Solan
Military
Lion
Bryant
Jordaan
New Church
Buiten
Green
St. Johns
Barnet
Hope
Glynn
McKenzie
Brandweer
St. George's Cathedral
Government
Paddock
Bree
Orphan
Lion Gateway
National Gallery
Wandel
Maynard
Jutland
Buitensingel
Long
Wesley
Scott
Lion
Jameson
Roodehek
Scott
Victoria
South African Cultural History Museum
Jewish Museum
Upper Mill
Clive
Whitford
Warwick
Carisbrook
Dunkley
Military
Beckham
Glynville
Bedford
Upper Buitengracht
Bennington
Dorman
New Church
Reede
Hope
Wandel
Upper Maynard
Virginia
Park
Orange
Hatfield
Gordon
Schoonder
Buitenkant
Milner
Park House
Mill
Vredehoek
Queens
Leeuwen-voet
Hillside
Kloof St
Faure
Annandale
Hiddingh
Vriende
Breda
Carstens
Wilkinson
Curtis
Rugley

des clés (10 h) et relève de la garde (midi) constituent les deux attractions de ce Castle of Good Hope, dont les chambres de torture et les cellules ne justifient guère l'appellation.

Musées

Les nombreux musées de ce «Rio de Janeiro africain» ont rendez-vous avec toutes les formes de culture. Ainsi, le Musée juif, établi sur Hatfield Street, dans la plus ancienne synagogue du pays, exhibe une belle collection d'art cérémoniel et retrace l'histoire des communautés juives du Cap.

A proximité, la South African National Gallery expose en permanence les œuvres d'artistes nationaux et internationaux, tandis qu'à 200 m de là, sur Queen Victoria Street, le South African Museum, le plus ancien musée du pays, fonde sa réputation internationale sur son département d'histoire naturelle; la section anthropologique et le planétarium justifient à eux seuls cette visite.

Dans Wale Street, plus précisément au carrefour avec Upper Adderley Street, le Musée d'histoire culturelle, occupant une ancienne maison d'esclaves bâtie en 1679 par la Compagnie hollandaise des Indes orientales, expose d'intéressantes collections, dont celles des armes et des monnaies sont les plus appréciées, avec la section archéologique.

Les activités historiques et maritimes du cap de Bonne-Espérance sont racontées avec moult détails au South African Maritime Museum, Dock Road, à Cape Town Harbour, qui présente une belle collection de modèles réduits de bateaux.

Quartier de Bo-Kaap

Au pied de Signal Hill, le quartier de Bo-Kaap est habité par les descendants des esclaves malais qui furent déportés pendant l'occupation hollandaise. Avec la Jamia, la mosquée la plus ancienne du Cap (1850), à l'angle de Chiappini et Castle Street, le musée de Bo-Kaap résume la présence de l'islam dans cette région.

Monuments historiques

Plusieurs bâtiments et monuments historiques méritent décidément une visite. A commencer par les jolies maisons victoriennes de Long Street, peuplées d'antiquaires et de bouquinistes, où la South African Association of Arts expose les œuvres des artistes sud-africains contemporains. Groote Kerk, la plus ancienne église du pays (elle date de 1704), possède une chaire en bois sculptée par Anton Anreith et une remarquable collection d'argenterie du Cap.

Victoria and Alfred Waterfront

A l'instar des nouveaux docks de Londres, le vieux port du Cap s'est refait un nouveau visage, particulièrement réussi. En 1860 le prince Alfred, fils de la reine Victoria, posa la première pierre de ces bassins et quais qui ont subi ces dernières années un «lifting» génial qui leur vaut aujourd'hui de drainer, jour et nuit, toute la jeunesse du Cap. Les touristes se laissent évidemment emporter par ce mouvement irréversible.

A moins de 2 km du centre de la ville, au Victoria and Alfred Waterfront, tous se retrouvent dans un environnement propice à la détente, aux promenades, à la culture, au shopping et à la gastronomie.

Excursions en bateau, survols de la région en hélicoptère, spectacles en tous genres et restaurants servant en priorité de délicieux poissons frais et de savoureux fruits de mer viennent ainsi compléter, avec les musées, les théâtres, les hôtels, les boutiques de luxe et un vaste shopping center, les agréments de ces lieux conviviaux.

La montagne de la Table

Accessible en téléphérique par beau temps seulement, la montagne de la Table (1087 m) ouvre sur quelques-uns des plus beaux panoramas d'Afrique du Sud, en proposant aussi toutes sortes de randonnées et escalades au milieu des fleurs sauvages.

Constantia

Installé sur les flancs orientaux de la montagne de la Table, le superbe jardin botanique national de Kirstenbosch présente à lui seul quelque 4000 espèces de plantes, dont plus de 2600 sont originaires de la péninsule du Cap. On y rencontre aussi bon nombre des 18 000 espèces de fleurs recensées en Afrique du Sud.

Groot Constantia, le plus ancien domaine viticole du pays, est établi autour d'un superbe manoir du XVIIe siècle. Transformé en musée, ce bâtiment est décoré et meublé d'époque. Ses peintures et porcelaines méritent une attention particulière.

Cap de Bonne-Espérance

Au cap de Bonne-Espérance, une nature aux profils étranges veille sur des baies lumineuses où d'excellents restaurants gastronomiques, installés «les pieds dans l'eau», marient les saveurs des plus fameux vins du Cap aux meilleurs fruits de mer. L'union maritime de l'Orient et de l'Occident s'accomplit ici, aux confins d'un promontoire sauvage, grandiose et chaotique. Certes, géographiquement, l'extrême pointe

LE CAP: LES ENVIRONS

de l'Afrique australe se trouve au cap des Aiguilles, 150 km plus à l'est. Mais sur le double plan touristique et historique, le cap des Tempêtes de Bartholomeu Dias, transformé en Bonne-Espérance par le roi Jean II du Portugal, reste le point stratégique d'une région fabuleuse, dont la visite s'impose absolument.

Un océan de fleurs

Si l'on considère la seule Réserve de Bonne-Espérance, créée en 1939, près de 2500 variétés florales s'épanouissent entre les pierres jusqu'au cœur de la roche tendre. On peut y admirer, entre autres, la fragile rose des marais, de la famille des proteacées, qui a réussi jusqu'à présent à défier toutes les tentatives faites pour la cultiver. Chaque printemps, la presqu'île de Bonne-Espérance fête ainsi dans un océan de fleurs les noces de l'Atlantique avec les mers d'Orient. Dans ces landes merveilleusement colorées, bonteboks, babouins et autruches s'ébattent en toute liberté.

Les sites de Sea Point, Camps Bay et Chapman's Peak Drive composent une succession de panoramas grandioses, tandis que le marché aux poissons de Mariner's Wharf à Hout Bay invite à la dégustation. Baignade, surf et randonnées s'accomplissent au milieu d'une nature protégée.

Vignobles

Les terroirs de l'arrière-pays du Cap produisent des vins de qualité. Ondulant d'un village à l'autre au gré des collines, les vignes assurent la transition entre les vagues océanes du cap de Bonne-Espérance et les horizons bleutés de la montagne.

Stellenbosch, avec ses demeures à pignon dans le style hollandais du Cap, ombragées de chênes séculaires, propose, à l'instar de Paarl, un intéressant condensé du vignoble sud-africain. Les visiteurs francophiles admirent cependant en priorité la charmante bourgade de Franschhoek, le «coin français». C'est là que les premiers réfugiés huguenots venant de France, fuyant les persécutions religieuses, s'établirent en 1688, en apportant leurs compétences vinicoles.

La Route des Jardins

Cet itinéraire suit la N2, couvrant une large bande de 225 km de long entre le littoral et les montagnes côtières bordant l'arrière-pays sud-africain. Cette superbe région est le lieu de vacances préféré des autochtones.

Mossel Bay

Pour les voyageurs venant du Cap, ce célèbre itinéraire débute à Mossel Bay, où débarqua l'explorateur portugais Bartolomeu Dias en 1488, neuf ans avant

N
0
30 km
NORTHERN CAPE
WESTERN CAPE
Great Karoo
Little Karoo
Nuweveldberge
Komsberg
Witteberge
Grootswartberge
Outeniqua Mtns.
Fraserburg
Saaifontein
Hondefontein
Sutherland
Rooikloof
Verlatekloof
Komsberg
1721 m
Teekloof
1913 m
Riet
Renoster
Karoo N.P.
Droe River
Letjiesbos
Luttig
Leeugamka Dam
Leeuw
Merweville
Leeu-Gramka
Kruidfontein
Zwarts
Koringplaas
Dwyka
Prince Albert Road
Gamka
Seekoegat
Koup
Vleifontein
Laingsburg
Pieter Meintjies
Matjiesfontein
Rooinek
1382 m
Prince Albert
2152 m
Gamkapoort
Seweweeks-poort
Swartberg
Vleiland
Bosluiskloof
Rouxpos
Seweweekspoort
Huisrivier
Kruis River
Grootkraal
Meirings-poort
Schoemanspoort
Ladismith
Zoar
Calitzdorp
Oudtshoorn
Anysberg
Noukloof N.R.
Plathuis
De Hoop
Dysseld
Rooiberg
Van Wyksdorp
Boerboon Fontein
Lemoenshoek
Brand River
Groot
Robinson
Cloetes
Ruitersbos
Marloth N.R.
Barrydale
Tradouws
Garcias
Langberg
George
Great Brak River
Swellendam
Suurbraak
Heidelberg
Riversdale
Herbertsdale
Herolds Bay
Bontebok N.P.
Askraal
Du Plessis
Brandwag
Albertinia
Mossel Bay
Breede
Vermaak-likheid
Johnson's Post
Vleesbaai
Malgas
Port Beaufort
Riethuiskraal
Stil Bay East
Cape Vacca
Wydgeleë
Witsand
Gouritsmond
Infanta-on-River
Stil Bay West
De Hoop Nature Res.
Groot Jongensfontein
Cape Infante
R 353
R 356
R 381
R 354
R 328
R 62
R 323
R 327
R 324
R 322
N 1
N 2
N 12

ROUTE DES JARDINS ET LE SUD

Vasco de Gama. Un événement qui a servi de prétexte à la création dans cette ville, 500 ans plus tard, d'un intéressant musée historique et maritime, le Bartolomeu Dias Museum Complex.

Depuis qu'un marin, au début du XVIe siècle, laissa un message dans une botte accrochée à un *milkwood*, cet arbre joue le rôle de boîte aux lettres. On y a d'ailleurs installé une boîte postale officielle et toutes les missives qui y sont déposées parviennent à leur destinataire, agrémentées du cachet spécial de l'Old Post Office Tree. On peut embarquer de Mossel Bay pour Seal Island, qui abrite, au milieu d'une importante faune ornithologique composée notamment de fous du Cap et de cormorans, une colonie de 2000 phoques.

George

Fondée en 1811, George, 60 km plus à l'est, est installée sur un balcon à 225 m d'altitude, en retrait de la côte. Cette ville possède de beaux parcs et jardins. Le train à vapeur *Outeniqua Choo-Tjoe,* menant à Knysna, invite à d'autres découvertes à travers de magnifiques paysages.

Wilderness

Sur la route de Knysna, les lacs du Parc national de Wilderness, dont certains communiquent avec la mer, sont un enchantement pour les yeux et constituent un refuge très apprécié des oiseaux aquatiques. Agréable étape sur la Route des Jardins, la discrète localité de Wilderness favorise aussi l'installation des vacanciers dans cette région propice à la pêche et aux sports aquatiques.

Knysna

Autre lieu de séjour, Knysna fut fondée officiellement en 1825, mais 21 ans plus tôt, un colon britannique nommé George Rex, dont on murmurait qu'il était le fils illégitime du roi George III, s'y était déjà installé. Les rochers roses de The Heads et la Knysna National Area, protégée depuis 1992, font aujourd'hui le bonheur des amoureux de la nature. Ceux-ci sont particulièrement comblés par l'immense Knysna Forest, qui s'étale sur 80 000 ha, composant la plus importante forêt vierge du pays.

Plettenberg Bay

Cette luxueuse station, la plus célèbre et la plus prisée de la Route des Jardins, est entourée par trois jolies plages. De belles réserves naturelles – ornithologique comme celle de Robberg ou botanique comme la Tsitsikamma Forest, riche de ses rares *podocarpus* tricentenaires – ponctuent de vert cet itinéraire hors du commun.

Le Cap St Francis

Toujours plus à l'est, en direction de Port Elizabeth, la station balnéaire d'Oyster Bay est établie sur l'une des plus belles plages de cette côte. Sur le littoral sauvage menant au cap St Francis, on peut apercevoir des loutres de mer. La réserve naturelle marine de ce cap privilégié abrite aussi de nombreuses otaries. La toute proche Jeffrey's Bay, riche en coquillages, est également le paradis des surfeurs.

Oudtshoorn

Le détour d'Oudtshoorn est vivement recommandé, non seulement pour les grottes de Cango (27 km plus au nord), truffées de stalactites et de stalagmites, mais surtout pour ses élevages d'autruches. Grâce à la demande de plumes d'autruche au XIXe siècle, plusieurs éleveurs de la région ont construit d'immenses manoirs, aujourd'hui ouverts aux touristes, avec visite guidée et spectacle: montés par d'authentiques jockeys, les oiseaux participent à des courses pittoresques, auxquelles on assiste en dégustant leurs œufs ou leurs steaks.

Karoo National Park

En prolongeant de 200 km ce voyage vers le nord, jusque dans la belle plaine semi-aride du Petit-Karoo, on parvient à Beaufort West. Ce vaste détour est justifié avant tout par le Karoo National Park situé aux portes de la ville et qui propose chaque printemps un superbe feu d'artifice floral.

La côte de l'Ouest

Au nord de Cape Town, sur la côte de l'Ouest, la Route de la Langouste mène jusqu'à la station de villégiature de Strandfontein. Le West Coast National Park, considéré comme l'un des plus vastes marécages du monde, héberge, en été, quelque 55 000 oiseaux: cormorans, fous du Cap, bécasseaux, goélands, pluviers, flamants roses. La faune marine est représentée dans les îles voisines par des colonies d'otaries, de manchots et de fous du Cap, ces derniers pouvant même être approchés à quelques mètres à Lamberts Bay, où ils ont établi leur colonie sur une presqu'île, à proximité du port. L'histoire de la région est racontée au Sandveld Museum.

Vignobles et vergers

A l'intérieur des terres, les vastes orangeraies de Citrusdal produisent deux millions de caisses d'agrumes par an. Quelque 125 km plus au sud, les vignobles et les vergers de Ceres, comme les abricots et les vins de Wellington, au pied des monts Drakenstein, proposent une autre facette agricole de l'Afrique du Sud.

Les achats

Le shopping en Afrique du Sud est à l'image de la diversité de sa population: un savant dosage de mystère africain, de saveurs asiatiques, agrémenté d'un luxe très occidental. Autant dire que le plaisir des achats est accessible à toutes les bourses.

Pierres et métaux

Bien sûr, il y a les diamants, dont l'Afrique du Sud est l'un des plus grands producteurs, avec 24% des réserves mondiales. Cette pierre si précieuse s'acquiert parfois un peu moins cher qu'en Europe ou aux Etats-Unis, notamment sur les lieux d'extraction (Cullinan ou Kimberley). Mais n'oublions pas que les plus beaux diamants sont taillés à Amsterdam et à Anvers. Leur valeur suit les cours mondiaux de la bourse, par ailleurs dominés par la De Beers. Exigez en tout cas un certificat d'origine officiel, mentionnant toutes les caractéristiques de chaque pierre.

L'or peut aussi s'acheter jusqu'à 20% meilleur marché. Assurez-vous cependant qu'il s'agit bien d'or 18 carats, le métal jaune titrant à 9 carats étant très répandu dans le pays.

Il y a également un grand choix de pierres semi-précieuses, brutes ou taillées et montées.

Maroquinerie

Pour joindre l'utile à l'agréable, tout en rapportant un pur produit sud-africain, portez votre choix sur la maroquinerie réalisée en peau d'autruche. Caractérisé par une multitude de petites boules en surface, ce cuir est d'une incroyable solidité. Rassurez-vous, les peaux ne proviennent pas d'animaux en liberté, mais d'élevages, principalement dans la région d'Outdshoorn, où vous pouvez aussi acheter des plumes!

Attachés-cases, sacs, portefeuilles, souliers, ceintures, voire vestes et manteaux raviront autant les hommes que les femmes. Les cuirs de grande qualité sont généralement expédiés en Italie. Transformés en pièces élégantes, ils réintègrent ensuite leur pays d'origine en approvisionnant les boutiques les plus chic de Johannesburg. Un large éventail d'objets est aussi réalisé en peaux de buffles et de crocodiles d'élevages.

Une vendeuse propose quelques fruits sur un étal improvisé à Durban.

L'art tribal africain

Les nombreuses ethnies composant l'Afrique du Sud ont donné naissance à un artisanat vivant et coloré que l'on perpétue pour le plus grand bonheur des touristes. Entre masques, lances, boucliers, peintures, sculptures, poterie et colliers de perles multicolores, le choix est immense et vous incitera peut-être à acheter une valise supplémentaire.

Mais encore...

Si vous avez beaucoup d'amis qui attendent un petit souvenir de votre périple sud-africain, songez alors aux tapis tissés, œufs d'autruches peints, coraux et coquillages, épices indiennes, protées (fleurs symboles du pays) ou... aux excellents vins du Cap.

Rien à déclarer ?

Avant de partir et afin d'éviter la désagréable surprise – en plus d'une amende – de vous faire confisquer vos souvenirs en ivoire ou en peaux d'animaux en passant la douane, renseignez-vous sur les marchandises interdites d'importation dans votre pays. La plupart des pays occidentaux ont en effet signé la convention de Washington, visant la protection des espèces animales et végétales en voie de disparition.

Les sports

Les Sud-Africains sont de grands sportifs et pratiquent la plupart des disciplines internationales. Leur retour sur le plan mondial a été marqué par leur titre de champions du monde de rugby, obtenu devant leur public en juin 1995. Le football passionne également les Sud-Africains, comme la plupart des sports en vogue en Europe et plus spécialement en Angleterre.

Sports nautiques

L'immense chapelet de plages jalonnant le littoral sud-africain (3000 km), surtout le long de l'océan Indien, constitue une invitation permanente à la pratique de la natation et de tous les sports qui lui sont associés: planche à voile, ski nautique, surf (surtout sur la Wild Coast au sud de Port Edward), plongée sous-marine, etc. La plupart des hôtels sont en outre équipés de piscines. A l'intérieur des terres, le canoë et le rafting apparaissent sur toutes les rivières praticables et sur chaque plan d'eau.

Les Sud-Africains s'adonnent également volontiers à la voile, le yachting pouvant ainsi être pratiqué par les touristes dans de nombreux centres nautiques et la plupart des ports.

La pêche

La pêche connaît un succès aussi vif en rivière (permis délivrés dans les localités proches des sites) qu'en haute mer. Le poisson est particulièrement abondant dans la région de Cape Town, à la jonction des océans Atlantique et Indien. Des excursions consacrées spécialement à la pêche en haute mer sont régulièrement organisées pour les touristes au départ de tous les grands ports, notamment au Cap (surtout de janvier à avril pour le sud-ouest) et à Durban (de juin à novembre sur la côte du Natal).

Les randonnées

Les randonnées pédestres sont très populaires en Afrique du Sud. La réserve de Blyderivierspoort, dans le Mpumalanga, comme les montagnes du Drakensberg se prêtent particulièrement bien à ce genre de tourisme, étroitement lié à la nature. Des sentiers aménagés relient les sites les plus fascinants de chaque parc national. Des circuits qu'affec-

La natation et les bains de soleil se pratiquent aussi dans les bassins naturels des rivières.

tionnent aussi les adeptes du VTT ou des promenades à cheval.

Du stade à la tribune

L'athlétisme est très populaire en Afrique du Sud et de nombreuses compétitions sont organisées, tant en salle qu'à l'extérieur. Le cricket, par le côté anglophile du pays, possède ses inconditionnels, à l'image du squash, du bowling, du tir à l'arc et des arts martiaux. Et les fervents de courses de voitures se retrouvent chaque année à Kyalami, au nord de Johannesburg, pour le Grand Prix d'Afrique du Sud de Formule 1.

Tennis et golf

Le tennis et le golf sont omniprésents et se pratiquent toute l'année. La plupart des grands hôtels possèdent leurs courts et le visiteur n'éprouve aucune difficulté à disposer en tous temps d'une surface de jeu. Le complexe d'Ellis Park, à Johannesburg, dispose de 21 courts.

L'Afrique du Sud peut être comparée à un immense terrain de golf. En fait, le pays recense près de 500 parcours officiels et le touriste est accueilli partout avec aménité, de surcroît à des prix généralement plus favorables que ceux des greens européens.

A table

Une agriculture prospère et variée, un cheptel important de moutons, chèvres, bovins et volaille, une situation géographique au carrefour de deux océans procurent à l'Afrique du Sud de remarquables produits frais, autant en fruits et légumes, qu'en poissons et crustacés. Sans parler des vins du Cap, dont la réputation a déjà fait le tour du monde. Riche, saine et abondante, la cuisine sud-africaine n'a pourtant rien de sophistiqué et s'apparente aux préparations américaines, avec un soupçon de traditions anglaises.

Les viandes

Les grillades, *braaivleis* sont une véritable institution sud-africaine et constituent le mets favori des familles le week-end – en quelque sorte un pique-nique chez nous. Il est d'ailleurs fréquent que les aires de repos ou de camping soient équipées de barbecue, où il suffit d'apporter sa viande et du combustible pour passer un agréable dimanche en plein air. Autres spécialités de viandes qu'il faut expérimenter: le *bredie*, qui se compose d'un ragoût de mouton, relevé à la sauce tomate; les *boerewors*, saucisses parfumées à la cannelle; et le *biltong*, viande séchée de bœuf, d'autruche ou de cervidés qui est habituellement servi en hors-d'œuvre. La *bobotie*, d'inspiration malaise (surtout au Cap) se prépare avec un hachis au curry de viande cuite au four.

Les produits de la mer

Poissons, coquillages et crustacés figurent en bonne place sur les cartes des restaurants de la côte Est et du Cap. Incomparables et d'un prix très abordable, les langoustes sont d'excellente qualité. Les huîtres, crevettes et moules composent de magnifiques plateaux de fruits de mer et la variété des poissons favorise chaque jour de nouvelles découvertes culinaires, comme le *kingklip*, le *snoek* ou le *kabeljou*.

Quelques alternatives

Si grillades et poissons venaient à vous lasser durant votre voyage,

La convivialité et la joie de vivre font aussi partie de la gastronomie sud-africaine.

les grandes villes disposent de nombreux restaurants proposant des spécialités asiatiques ou européennes. Depuis la fin de l'apartheid on voit aussi fleurir un peu partout les inévitables fast-foods.

Des crus réputés

Les vins sud-africains, souvent forts en tanin, occupent une place importante sur le marché viticole mondial et leur réputation n'est plus à faire. Cabernet Sauvignon, Shiraz, Hermitage (Cinsault) et l'extraordinaire Pinotage – hybride de *pinot* noir de Bourgogne et d'*hermitage* du Rhône – figurent parmi les meilleurs vins rouges. Les amateurs de grands bordeaux apprécieront tout particulièrement l'excellent *meerlust*.

La qualité se révèle encore supérieure avec les vins blancs (chardonnay, riesling, sauvignon).

A noter également de bons rosés, obtenus à partir de Cabernet Sauvignon ou de Pinotage, curieusement baptisés «Blanc de Noir», dont les méthodes de vinification et le goût s'inspirent de l'œil-de-perdrix neuchâtelois ou de la dôle blanche valaisanne. C'est d'ailleurs sur la grande variété de leurs terroirs que les crus du Cap ont pu fonder leur diversité.

Le côté pratique

Aéroports

Johannesburg est reliée aux principales villes d'Europe et à la plupart des cités sud-africaines. Cape Town et Durban disposent également d'un aéroport intercontinental offrant tous les agréments de confort souhaités. Les agences de tourisme et de location de voiture sont également présentes.

Bagages

En dehors de la région du Cap en hiver, où un imperméable peut parfois se révéler utile, les vêtements à emporter en Afrique du Sud sont ceux des climats tempérés chauds. Par précaution, emportez un petit lainage pour les soirées fraîches, notamment en altitude ou dans le sud du pays. Si vous fréquentez des hôtels de luxe et certains restaurants gastronomiques, une tenue de ville est recommandée en soirée. La tendance est cependant assez sportive et décontractée, surtout dans la montagne et les réserves de faune.

Circulation

Le réseau routier d'Afrique du Sud est excellent, y compris sur les pistes non goudronnées du désert ou de certains parcs nationaux. Attention: les véhicules roulent à gauche. La vitesse est limitée à 100 km/h sur les routes et à 120 km/h sur les autoroutes, ainsi que sur certains secteurs spécifiques et signalés des grands axes routiers peu encombrés. Dans les agglomérations la limite est de 60 km/h. Il y a de nombreux contrôles au radar, et la ceinture de sécurité est obligatoire. Un permis de conduire international ou une traduction anglaise du permis sont recommandés.

Les membres de clubs automobiles peuvent obtenir gratuitement différents services (brochures, cartes, conseils) sur présentation de leur carte d'adhérent. Important: les stations d'essence ne sont ouvertes que de 7 h à 19 h, certaines assurant toutefois plus longtemps leur service, mais il est préférable de faire souvent le plein, le ravitaillement n'étant pas toujours assuré hors des grandes villes, où les relais sont parfois très espacés.

Climat

Le soleil est omniprésent toute l'année sur l'ensemble du territoire sud-africain, même si les pluies sont généralement assez fréquentes en hiver (juin-août) sur la péninsule du Cap, qui jouit d'un climat méditerranéen. Les saisons australes sont inversées par rapport à l'hémisphère nord, le solstice d'hiver se produisant à fin juin et celui d'été à fin décembre. Les côtes du Natal et le Kruger Park jouissent en permanence d'un climat subtropical, tempéré sur les hauts plateaux, à l'intérieur du pays, où le soleil brille presque en permanence. L'hiver se prête bien aux safaris photographiques.

Communications

En dehors des postes centrales, où vous payez votre communication au guichet, les pièces de monnaie vous obligent à alimenter sans cesse votre appareil lors des communications internationales, mais ce procédé coûte moins cher que depuis votre chambre d'hôtel, où les prix sont souvent doublés. Des appareils à cartes commencent heureusement à apparaître, mais ils sont encore rares. Les appels sont automatiques. Le télécopieur s'est aussi généralisé.

Courtoisie

Les Sud-Africains se comportent comme les Européens et se montrent sensibles à tout ce qui touche à leur pays et à leurs habitudes. Si vous ne connaissez pas les sentiments de vos interlocuteurs, évitez d'intervenir avec des propos péremptoires sur des problèmes politiques ou raciaux, que les autochtones, blancs ou noirs, considèrent comme une affaire intérieure, strictement sud-africaine. Votre discrétion dans ce domaine sera toujours appréciée.

Décalage horaire

L'heure sud-africaine, en avance toute l'année de deux heures sur celle du méridien de Greenwich (GMT), est exactement la même que celle de France ou de Suisse en été. Les Sud-Africains ne connaissant pas l'heure d'été, ils se trouvent en avance d'une heure sur nous pendant l'hiver européen.

Formalités

Les touristes de l'UE et de Suisse n'ont généralement plus besoin de visa pour l'Afrique du Sud, mais il faut présenter le billet de retour. Le passeport valide est indispensable. Les douanes admettent en franchise pour les touristes non résidents tous leurs effets personnels, les cadeaux et articles neufs jusqu'à concurrence de 500 rands. A cela s'ajoutent 400 cigarettes, 50 cigares et 250 g de tabac, 1 litre d'alcool, 2 litres de vin, 50 ml de parfum et 250 ml d'eau de toilette.

Horaires

Les banques sont généralement ouvertes de 9 h à 15 h 30 sans interruption du lundi au vendredi. Certaines ouvrent également le samedi matin de 8 h 30 à 11 h. Les magasins ouvrent en principe du lundi au vendredi de 8 h 30 à 17 h et le samedi de 8 h 30 à 12 h 30. L'ouverture des postes s'étend de 8 h 30 à 16 h 30 en semaine et de 8 h à 12 h le samedi.

Jours fériés

Le calendrier sud-africain compte douze jours fériés officiels soit:

1er janvier	Nouvel An
21 mars	Journée des Droits de l'Homme
mars ou avril	Vendredi Saint Lundi de Pâques
27 avril	Fête de la Constitution
1er mai	Fête du Travail
16 juin	Fête de la Jeunesse
9 août	Journée nationale de la Femme
24 septembre	Fête du Patrimoine
16 décembre	Journée de la Réconciliation
25 décembre	Noël
26 décembre	Journée de Bienfaisance

Langues

Le zoulou, le xhosa, le sotho, le ndébélé, le venda, le tswana, le shangaan et le swasi, avec l'anglais et l'afrikaans figurent parmi les douze langues officielles inscrites dans la nouvelle constitution. Ne vous croyez pas obligés de les connaître toutes. L'anglais est parlé dans tous les hôtels et comme en maints autres endroits du monde, c'est la principale langue touristique. Dans les régions où l'on parle afrikaans, l'allemand est généralement très bien compris. Dans de nombreux hôtels, restaurants et lieux de villégiature, on emploie aussi du personnel parlant français et/ou italien.

Médias

De nombreux quotidiens en anglais informent sur toute l'actualité locale, nationale et internationale. Aucun journal en français n'est édité en Afrique du Sud, où l'on peut néanmoins trouver, en certains endroits et avec deux ou trois jours de retard, quelques journaux en langue française provenant d'Europe.

La South African Broadcasting Corporation (SABC) propose 24 chaînes de radio (17 langues) et 4 chaînes de télévision (7 langues). La chaîne câblée M-Net diffuse des images commentées principalement en anglais.

Monnaie

L'unité monétaire de l'Afrique du Sud est le rand (R), subdivisé en 100 cents. Les billets en circulation sont de 10, 20, 50 et 100 rands et les pièces de 1, 2, 5, 10, 20 et 50 cents, ainsi que de 1, 2 et 5 rands. La plupart des cartes de crédit, ainsi que les chèques de voyage (Travellers), sont acceptés dans les hôtels, restaurants et magasins, mais rarement dans les stations d'essence.

Pourboires

Les restaurants n'incluant pas le pourboire sur leurs factures, celui-ci est laissé à votre appréciation, en rapport avec la qualité du service. Comptez environ 10% de l'addition totale.

Santé

Le niveau d'hygiène est très élevé et il n'y a aucun risque à boire l'eau du robinet à l'hôtel ou à manger des fruits et des légumes, peu importe le lieu où vous séjournez. Hôpitaux et services médicaux travaillent à l'occidentale et en cas d'urgence, la liste des médecins se trouve dans les annuaires téléphoniques, sous la rubrique *Medical Practitioners*. Evitez cependant de vous baigner dans des eaux stagnantes (bilharziose endémique) et tenez compte des risques de paludisme dans le Mpumalanga (Parc national Kruger surtout) et dans pratiquement toutes les réserves de faune, le Zoulouland et le Swaziland (prenez en réserve une médication anti-malaria). Enfin, comme pour n'importe quel voyage, il est conseillé d'être au bénéfice d'une assurance couvrant au moins les risques de maladie et d'accidents.

Sécurité

En dehors des grandes villes, l'Afrique du Sud ne connaît guère de problèmes d'insécurité. Lors de vos sorties nocturnes dans les mégapoles de Johannesburg, Le Cap et Durban, il est préférable de se déplacer en groupe ou de voyager en taxi jusqu'à la boîte de nuit ou le restaurant de votre choix. Il en va de même lors de la visite de certains townships tels que Soweto, assurée par des agences spécialisées.

Transports

Les grands espaces sud-africains favorisent les déplacements en avion et plusieurs compagnies desservent les principales villes du pays. Le réseau des chemins de fer offre au touriste des déplacements à prix économique en wagons-couchettes vers la plupart des régions. Il existe également plusieurs compagnies d'autocars. Les taxis ne «maraudent» pas. Il faut les appeler ou les prendre aux stations. Le tarif est d'environ 4 à 5 rands le km.

Les voitures de location se révèlent cependant la meilleure manière de voyager.

Toilettes

La propreté – et même souvent le luxe – est assurée dans tous les grands hôtels et restaurants. Elle reste très acceptable dans la plupart des toilettes publiques. Mais comme dans tous les pays du monde, cela peut parfois se dégrader en certains lieux isolés ou très mal entretenus.

Urgences

Pour appeler la police volante, le numéro est partout le même: 1–0111. Pour appeler une ambulance, faites le numéro 999.

Voltage

Le courant, 220 volts, 50 cycles, convient aux appareils électriques européens, mais les prises à trois broches exigent un adaptateur, en prêt dans les hôtels pour les rasoirs, sèche-cheveux et autres chargeurs de piles.

Direction éditoriale: Barbara Ender
Texte: Bernard Joliat
Rédaction: Chantal Schindler
Mise en pages: Luc Malherbe
Photos: Bernard Joliat; Rachel Bonvin p. 41
Cartes: Elsner & Schichor, Falk Verlag p. 17

12, avenue William-Fraisse, 1006 Lausanne, Suisse
E-mail: information@jpmguides.com
Site internet: http//www.jpmguides.com/

Printed in Switzerland — Gessler/Sion

Cap sur la Namibie

Dunes et diamants

Eléphants et lions hantent le plus vaste parc national de Namibie, mais il y a plus insolite encore: le dernier pays africain à avoir accédé à l'indépendance affiche sa différence, tant avec ses dunes magnifiques ou ses gîtes diamantifères, qu'avec sa Skeleton Coast – au nom sinistre – ou ses villes à l'architecture d'autrefois. Si les radios locales émettent en une bonne dizaine d'idiomes, un peu d'anglais voire d'allemand vous suffira dans la pratique.

Ancien Sud-Ouest africain, la Namibie n'est indépendante que depuis 1990. Elle était naguère gouvernée depuis l'Afrique du Sud, après avoir constitué une colonie allemande une trentaine d'années, au tournant du siècle. L'«ère du Kaiser» marque encore le paysage urbain – et les traditions culinaires, avec la choucroute, les saucisses et la bière. D'ailleurs, *Karneval* et *Oktoberfest* sont les principales fêtes à Windhoek, la pittoresque capitale des hauts plateaux.

Cet Etat à la population éparse représente en superficie les trois quarts de l'Afrique du Sud, ou une fois et demie la France. Il est bordé à l'ouest par l'Atlantique Sud, au nord par l'Angola, à l'est par le Botswana, au sud par l'Afrique du Sud. Quant à la Pointe de Caprivi, née d'un artifice diplomatique, elle semble «harponner» la Zambie.

Etendu et bien conçu, le réseau routier permet de sillonner aisément le pays, l'avion s'avérant parfois plus commode pour les grandes distances.

La belle diversité ethnique de la nation se trouve reflétée par les couleurs du drapeau namibien – bleu, vert, rouge et or. Les tribus groupées sous le nom d'Ovambos forment la moitié de la population totale (1 600 000 habitants). Viennent ensuite, dans l'ordre, Kabangos, Hereros et Damaras, tandis qu'on estime le nombre de Blancs à 90 000. Héros du film *Les Dieux sont tombés sur la tête*, les Bochimans (ou San), qui vivent de la chasse et de la cueillette, ne se comptent plus qu'en dizaines de milliers. Les Namibiens sont chrétiens à 90%, les luthériens arrivant en tête.

La côte, morne et dangereuse, s'étire sur 1400 km, mais n'offre qu'un seul vrai port en eau profonde: Walvis Bay, longtemps une enclave sud-africaine d'intérêt stratégique. L'intérieur enfin, royaume des antilopes, des zèbres, des girafes ou des hippopotames, présente des curiosités comme seul le cœur de l'Afrique peut en offrir.

Un peu d'histoire

Préhistoire	Art rupestre, poteries et outils attestent la présence de chasseurs et de cueilleurs dès cette période. Les plus anciens occupants de la contrée furent – semble-t-il – les Bochimans (San) et les Khoikhoi (Namas), entre autres populations de langue khoisan.
XVe siècle	Le Portugais Diego Cão, pour marquer son passage à Cape Cross, plante une croix sur le rivage. Son compatriote Bartolomeu Dias «découvre» Walvis Bay, mais renonce en l'absence d'eau à coloniser l'endroit.
XVIIIe siècle	En 1793, les Hollandais revendiquent Walvis Bay. Or les Britanniques ne tardent pas à annexer leur colonie du Cap, en Afrique australe (1795), puis à réclamer la côte namibienne attenante.
XIXe siècle	Ouverture à Bethanie de la première mission allemande, en 1814. Les missionnaires se déploient sur tout le territoire vers 1850; ils sollicitent en vain la protection des Britanniques, qui annexeront Walvis Bay (1878). En 1883, Lüderitz, un négociant de Brême, acquiert Angra Pequena, petit port qui deviendra l'actuelle ville de Lüderitz. Entre 1880 et 1900, les Allemands colonisent d'autres régions du Sud-Ouest africain, en signant des traités avec les tribus indigènes. En 1893, fondation de Swakopmund par le capitaine Curt von François. Vers 1900, des luttes sanglantes mettent aux prises les tribus hereros et les Allemands, lesquels, bien armés, l'emportent.
XXe siècle	En 1908, les Allemands découvrent dans la partie méridionale de la contrée les plus riches sites diamantifères du monde. Guerre de 1914–1918: l'armée sud-africaine arrache le Sud-Ouest africain à l'Allemagne pour le compte des Alliés; expulsion des Allemands «indésirables». L'Afrique du Sud administrera la région en vertu d'un mandat de la SDN (1920), contesté dans les décennies suivantes. Après 1945, Pretoria refuse de placer le Sud-Ouest africain sous la tutelle de l'ONU. L'Organisation du peuple du Sud-Ouest africain (Swapo) est créée en 1958 afin de combattre la mainmise de l'Afrique du Sud et l'apartheid. La Swapo lance en 1966 la lutte pour l'indépendance. A la suite d'élections sous contrôle onusien, la Namibie,

dernière colonie d'Afrique, devient indépendante en 1990. Sam Nujoma (chef de la Swapo), son premier président, œuvrera à la réconciliation nationale. En 1993, l'Afrique du Sud rétrocède Walvis Bay à la Namibie.

Que voir

Les responsables du tourisme ont découpé le pays en quatre régions: le Nord, le Centre, le Sud et le Namib. Il s'agit d'une division arbitraire, sans rapport avec des limites provinciales ou autres. Ce petit guide s'en tiendra au découpage officiel et présentera d'abord les plateaux centraux, où se situe Windhoek, la capitale.

Windhoek

Des gratte-ciel compacts dominent une ville prospère (plus de 100 000 hab.), à la forte personnalité. Par son style, la capitale évoque l'Ancien Monde; elle a hérité son allure pittoresque des Allemands, qui en firent le chef-lieu de leur colonie, il y a un bon siècle.

Malgré son nom, qui signifie «coin venteux», Windhoek ne connaît guère de vents violents et jouit, dans l'ensemble, d'un climat sec et agréable. Son altitude (1650 m) lui vaut d'échapper largement aux fortes chaleurs qu'on s'attendrait à subir en Afrique!

Si dynamiques que soient les buildings précités, le charme de l'endroit tient à ses témoins – peu élevés – de l'ère coloniale. Rendez-vous d'abord à l'**Alte Feste**. Palmiers et jardins atténuent la sévérité de ce fort blanc, conçu en 1890 par Curt von François. La plus vieille construction de la ville abrite à présent une section du musée d'Etat, qui évoque l'histoire et la culture du pays, de l'époque tribale à l'indépendance. Bâti à la fin de la période allemande, le Parlement doit son surnom de **Tintenpalast** (palais de l'Encre) aux tonnes de papier que les bureaucrates y noircissaient.

La **Christuskirche** (église du Christ) date, comme le Parlement, du tournant du siècle; elle fut élevée en signe de reconnaissance pour célébrer la fin des luttes entre les Allemands et les tribus locales. Affecté au culte luthérien, ce bel édifice néogothique possède une tour en grès du pays, aussi élancée qu'élégante. Les vitraux furent offerts par l'empereur Guillaume II.

Le long d'**Independence Avenue** (ex-Kaiserstrasse!), principale artère de Windhoek, les bâtiments d'allure germanique contrastent avec les ré-

Si des immeubles modernes dominent un paysage urbain en pleine expansion, Windhoek conserve des témoins de l'époque coloniale.

centes bâtisses de style international. Il vaut la peine de flâner et de faire ses emplettes sur cette avenue, avant de souffler un peu à une terrasse de café. Là encore, la bière rappelle le passé; les passants, eux, illustrent le brillant mariage des cultures européenne et africaine.

Le Centre

La capitale se recommande par sa couleur locale, son charme et sa propreté, mais c'est aussi une bonne base d'excursions. Le **Daan Viljoen Game Park**, à cet égard, se situe à une petite demi-heure de route. Il vous fournira l'occasion d'approcher les bêtes des hauts plateaux: springbok, zèbre de montagne, bubale, éland (la plus grande antilope d'Afrique). En l'absence d'animaux dangereux, lions ou autres, vous pourrez explorer ce parc à pied: il vous suffira de suivre les pistes balisées. Les passionnés d'ornithologie seront également à la fête.

Dans les montagnes au nord de Windhoek, le **Von Bach Dam**, à la fois barrage et **station de détente**, est un des buts d'évasion favoris des sportifs de la capitale – pêcheurs en particulier, car la retenue regorge de poissons.

La route et la voie ferrée, pour atteindre la côte, obliquent vers l'ouest à **Okahandja** (à env. 70 km au nord de Windhoek). Cette ville attrayante fut la capitale historique des Hereros. Chaque année, en août, des foules bigarrées s'y rassemblent à l'occasion d'un service en mémoire des chefs hereros enterrés en ces lieux. Là se trouve aussi la tombe du chef Jonker Afrikaner, à l'origine ennemi juré des Hereros. Monument national, l'église fut bâtie dans les années 1870 après la fondation d'une mission.

Directement au sud-ouest d'Okahandja, Namibiens et étrangers fréquentent une somptueuse station thermale, sur le site d'une mission historique. L'endroit s'appelle **Gross-Barmen**, en souvenir de la ville allemande d'où vinrent les missionnaires, dans les années 1840. Les ruines de ladite mission et d'un camp militaire subsistent. Les eaux, chargées en fluorures et en sulfures, jaillissent à une température si élevée qu'on doit les refroidir afin de les rendre propres aux bains thermaux; moins chaudes encore, elles alimentent la piscine à l'air libre.

Jonction importante, **Karibib**, à l'ouest d'Okahandja, doit sa prospérité au rail ainsi qu'à une mission. A signaler encore une mine d'or, non loin de là. Le sous-sol se montre vraiment riche ici: la région fournit un marbre réputé et recèle des réserves de gemmes.

Omaruru, sur la route de l'Etosha National Park, a vécu des heures sombres. En 1904, les Hereros assiégèrent le poste de police établi par les Allemands, et il y eut de lourdes pertes. Un musée retrace cette guerre herero, notamment la tragique bataille d'Omaruru.

Les **monts Erongo** attirent les touristes tant par leur décor accidenté que par leurs vestiges de l'âge de pierre. Le site le plus connu à ce propos, la grotte Phillips, abrite une peinture murale – un éléphant – remarquable par ses détails.

Vous découvrirez d'autres peintures rupestres près des **Spitzkoppe**, groupe de pitons granitiques qu'on a baptisé… le «Cervin de la Namibie». Ces pics, surgissant de la plaine, paraissent bien plus élevés qu'ils ne le sont en réalité (environ 1800 m).

Au nord d'Omaruru, la voie ferrée traverse Kalkfeld, village dont les **traces de dinosaures** ont assuré la notoriété. Les empreintes en question, vieilles de plus de 150 millions d'années, constituent à présent un monument national fort visité.

Le rail dessert ensuite l'embranchement d'**Otjiwarongo**, un marché florissant où une ferme aux crocodiles attend les passionnés de faune.

Des animaux fascinants hantent le **Waterberg Plateau Park**. Ce parc national englobe en presque totalité le sommet aplati et fertile d'une montagne qui se dresse, saisissante, à l'est d'Otjiwarongo. Les lieux sont d'une luxuriance surprenante; lors de leur repeuplement, priorité a été donnée à des espèces en voie d'extinction. Le rhinocéros blanc ou noir, le cheval rouan, l'antilope noire, la girafe, le guépard – et un vautour d'une espère rare – y prospèrent depuis. Le Waterberg est également connu pour ses peintures et gravures rupestres.

Les curiosités géologiques constituent une particularité du pays Damara, à l'ouest d'Otjiwarongo. La palme revient à cet

La grande curiosité de la Kokerboom Forest, au nord-est de Keetmanshoop, est naturellement le fameux «arbre-carquois».

ANGOLA
ZAMBIE
Katima
MUDUMU NATIONAL PARK
NAMIBIE
CAPRIVI GAME PARK
MAMILI NATIONAL PARK
BOTSWANA
Ruacana
Oshakati
Ondangwa
Okavango
Rundu
Oruwo
SKELETON COAST PARK
ETOSHA NATIONAL GAME PARK
ETOSHA PAN
Namutoni
Tsintsabis
Omatako
Omuramba
KAUDOM
Okaukuejo
Halali
Tsumeb
Grootfontein
Tsumkwe
Hoanib
Kamanjab
Otavi
Hoba meteorite
Terrace Bay
Outjo
Ugab
WATERBERG PLATEAU PARK
Petrified Forest
Khorixas
Otjiwarongo
Okakarara
Twyfelfontein
Rock Finger
Burnt Mountain
Kalkfeld
OCÉAN ATLANTIQUE
Brandberg
Omaruru
Spitzkoppe
Karibib
Cape Cross
Gross Barmen
Okahandja
Von Bach Dam
Usakos
Gobabis
Swakopmund
DAAN VILJOEN GAME PARK
WINDHOEK
Walvis Bay
BOTSWANA
Rehoboth
Kuiseb
Olifants
Leonardville
N
NAMIB NAUKLUFT PARK
Aranos
0
100 Km
Mariental
0
100 Miles
Maltahohe
Gochas
Sossusvlei
AFRIQUE
Bethanie
Lüderitz
Aus
Kokerboom Forest
Kolmanskop
Keetmanshoop
Fish
Namibie
Fish River Canyon
Karasburg
Ai-Ais
Oranjemund
NAMIBIE
AFRIQUE DU SUD

égard au **Vingerklip** («doigt»), étrange monolithe calcaire de 35 m de haut, dégagé par une érosion millénaire.

Monument national proche de Khorixas, la **Petrified Forest** (Forêt pétrifiée) est une merveille: ses troncs fossilisés, qui auraient 200 millions d'années, surprennent par leur état de conservation. Selon les géologues, ces fûts, déracinés dans une forêt éloignée, furent charriés jusqu'ici lors d'un déluge digne de la Bible.

A proximité, **Twyfelfontein** offre l'une des plus remarquables concentrations d'art rupestre qui soient en Afrique. Des milliers de peintures et de gravures primitives – lions, éléphants, girafes, rhinocéros – illustrent les préoccupations des chasseurs de l'âge de pierre. L'ensemble remonte probablement à des milliers d'années…

Autre caprice de la géologie: des **orgues** se silhouettent, tels des gratte-ciel d'allure surréaliste, près de la **Burnt Mountain** (Montagne brûlée), désolée à souhait. On attribue à cette formation basaltique 100 bons millions d'années.

Le Sud

Agréable «capitale du Sud», **Keetmanshoop** fut fondée par des missionnaires allemands dans les années 1860. L'église de la mission date de 1895; désaffectée, elle abrite un musée empli de souvenirs coloniaux et d'objets d'intérêt ethnographique. Les agriculteurs du secteur élèvent le caracul pour sa laine et sa fourrure. Le climat, chaud et sec, convient à cet ovin originaire d'Asie centrale. (Parfois dénommé «agneau de Perse», le caracul est appelé *swakara* en Namibie.)

L'aridité de la région, au nord-est de Keetmanshoop, explique l'existence de ces végétaux étranges qui composent par centaines la **Kokerboom Forest**. En réalité, le *kokerboom* – ou «arbre carquois» – n'est pas un arbre mais un aloès géant, haut de 8 m, desséché et décortiqué comme un dragonnier.

La Namibie a aussi son Grand Canyon: le **Fish River**

Une ville fantôme

Difficile de trouver un coin plus mortel que **Kolmanskop**, juste au sud-est de Lüderitz. Quelques maisons ont presque disparu sous les dunes formées par le vent, mais on en a restauré d'autres afin d'évoquer l'époque où les chercheurs de diamants écumaient le *Südwestafrika*. Abandonné depuis les années 1950, le site n'attire plus que les mordus de la photo.

Canyon, un ravin d'une largeur maximale de 27 km et dont la profondeur dépasse 500 m par endroits. Au fond d'une gorge aussi grandiose, la rivière elle-même paraît maigrelette, n'offrant guère qu'un filet d'eau, sauf en période de crue.

La station thermale d'**Ai-Ais** («eau bouillante») se situe dans le décor désertique du canyon. Grâce à ses sources chaudes, un centre de cure des plus modernes traite des cas très variés, et tout est prévu pour le repos et la détente.

Bethanie garde un certain intérêt pour les passionnés d'histoire. C'est là que les autorités coloniales allemandes et les Hottentots signèrent leur premier traité. Le village pos-

Alors que tant de déserts ne sont que cailloutis, le Namib aligne des dunes qui combleront les âmes romantiques.

sède la plus vieille habitation européenne du pays: une maisonnette à pièce unique, dite Schmelenhaus en souvenir du missionnaire Heinrich Schmelen.

Le Namib

Si le port assoupi de **Lüderitz** fut le premier fondé par les Allemands au Sud-Ouest africain, son histoire remonte au passage du Portugais Dias, au XVe siècle. Le charme de ce site romantique est rehaussé par la fantaisie des constructions allemandes, qui datent de l'aube du XXe siècle.

Le **Namib-Naukluft Park**, le parc national le plus grand du pays et l'une des réserves naturelles les plus vastes du monde, couvre près de 50 000 km^2, soit plus que la Suisse ou encore un onzième de la France. La variété de ses paysages s'avère prodigieuse: montagnes, prairies, désert aux dunes gigantesques. La faune n'offre pas moins de diversité: zèbres de montagne, springboks, autruches et aussi aigles, faucons, etc. Il faut dire que la flore est également plus fournie qu'on ne le croirait: herbes, plantes grasses ainsi qu'un végétal primitif, *Welwitschia mirabilis*, qui se contente de l'humidité déposée par le brouillard ou la rosée! C'est dans le secteur central de Sossusvlei, qui passe pour posséder les dunes les plus hautes du monde – elles atteignent 300 m – que le désert se montre sous son jour le plus saisissant.

Walvis Bay, unique site portuaire en eau profonde entre Le Cap et l'Angola, est un port actif que fréquentent les minéraliers venus charger les produits du sous-sol namibien, et les chalutiers fournissant les conserveries locales. Autre ressource importante: le sel marin, comme l'indiquent les monticules aveuglants de blancheur, autour de la lagune.

Les marais voisins font courir les amateurs d'ornithologie. Très poissonneux, ils drainent des milliers de flamants et des bandes d'autres espèces, migratrices ou non. Des oiseaux de mer colonisent les vastes «îles» créées au large en vue de l'exploitation du guano, un engrais dont l'exportation rapporte gros.

La route C14, qui s'enfonce dans l'intérieur depuis Walvis Bay, vous amènera bientôt en plein désert, au milieu des dunes. Une belle glissade au flanc d'une de ces hauteurs est une expérience que vous n'oublierez sans doute pas de sitôt!

Les vacanciers de Namibie ou d'ailleurs fréquentent **Swakopmund**, au nord de Walvis

Bay, de l'autre côté du fleuve. Ils apprécient le charme du site, la douceur du climat et l'attrait de la plage. Imaginez un coin de l'Allemagne d'antan, au bord de l'Atlantique Sud. L'endroit abonde en constructions ou autres témoins de la fin du XIXe siècle. Von François et Heinrich Göring (le père du futur maréchal...) tentaient à l'époque d'arrêter les guerres tribales et d'édifier une colonie.

Typique de l'ambiance «vieille Europe» qui baigne encore la ville, l'ancienne gare (1901), solide et majestueuse, doit à sa flèche et à ses vérandas un air incongru que soulignent des palmiers. Rénovée, elle abrite à présent un élégant hôtel de style colonial.

Quand le courant passe...
Sur les côtes de Namibie, on attribue au courant du Benguela tout ce qui est bon... et moins bon: la richesse en poisson comme la prédominance du brouillard, de l'automne au printemps. Du fait de ce courant froid venu de l'Antarctique, les pluies tombent avant de toucher le rivage. Encore heureux que, dans l'intérieur, le brouillard fasse fleurir le désert et fournisse de l'eau potable! La fraîcheur océanique tempère en outre la chaleur qui autrement, vu la latitude, grillerait le pays.

D'autres édifices remarquables, de même époque, parsèment les lieux: l'ancien palais de justice, un classique de l'Art nouveau; la vieille prison à pignon; des demeures comme les maisons Woermann (l'actuelle bibliothèque publique), Rittenburg et Hohenzollern.

Près de la plage, le musée occupe le vieil hôtel des Douanes. Ses collections traitent des diverses cultures indigènes (objets, armes, instruments de musique, ustensiles variés). Sont également abordés les thèmes du désert et de l'océan. Les guides font souvent admirer aux touristes une merveille de la révolution industrielle. Il s'agit d'une loco à vapeur de 1896, la... *Martin Luther*.

Pas besoin de s'aventurer loin de la ville pour découvrir le Namib, qui a donné son nom à la région et au pays tout entier. S'il présente une zone hérissée de dunes de rêve, ce désert offre surtout des étendues rocailleuses moins reluisantes. Là se trouve Rössing, site exceptionnel à signaler aux amateurs de superlatifs industriels. Ce serait la plus vaste mine d'uranium à ciel ouvert du monde; les visiteurs contemplent les énormes engins collectant le minerai dans l'impressionnante excavation.

C'est à **Cape Cross**, sur le littoral au nord de Swakopmund, que débarquèrent les premiers explorateurs venus d'Europe et que Diego Cão planta une croix. Le secteur forme une **réserve d'otaries du Cap**; il y en a des dizaines de milliers.

La **Skeleton Coast** doit son nom sinistre aux naufrages et autres catastrophes qui s'y sont produits. Le paysage, très varié, déroule des dunes, encore des dunes, de rudes montagnes et, bien sûr, une plage qui s'étire à l'infini. Les pêcheurs ramènent des prises de belle taille, mais aussi des requins – moins sympathiques.

Rançon du climat défavorable et des sols ingrats, la faune terrestre est plutôt pauvre: antilopes, chacals, autruches, voire des lions du désert, des plus rares de nos jours.

Le Nord

La plus admirable réserve naturelle du pays, l'**Etosha National Park**, renferme lions, rhinocéros noirs, éléphants, girafes, zèbres, antilopes. Ce qui attire ces bêtes ici, c'est l'Etosha Pan, vaste cuvette que l'eau de pluie remplit parfois. A la périphérie aussi, pourtant, des sources permettent à une foule d'animaux de s'abreuver toute l'année. Fortement minéralisées, elles entretiennent un manteau végétal fait d'herbe, d'arbustes et d'arbres.

Des éléphants aux oiseaux en passant par les springboks, le parc national d'Etosha est décidément un paradis pour animaux.

La traversée du parc en voiture prodigue des visions palpitantes. Vous apercevrez des hyènes, des gnous, des pangolins et diverses antilopes: le koudou, le céphalophe, l'éland, l'oryx, le tout petit dik-dik de Damara. Et il existe quelque 325 espèces d'oiseaux, aussi colorés que le pigeon à gorge lilas ou la pie-grièche à gorge cramoisie; à côté d'eux, le tangara pourpre, ou cardinal, paraît bien terne !

Au fil des années, Etosha n'a cessé de s'étendre ou de s'amenuiser, des polémiques éclatant lorsque les paysans et les amis de la nature se trouvaient en conflit d'intérêts. Selon les derniers chiffres, il couvrirait 22 270 km^2, autrement dit près

Les tribus hereros furent parmi les premières à se fixer ici, au XVIe siècle. Les femmes se distinguent par des costumes colorés.

de trois fois la Corse ou plus des deux tiers de la Belgique.

Près de la limite orientale du parc, **Namutoni** possédait vers 1900 un fortin. Longtemps en ruine, ce dernier – restauré – a retrouvé son allure des temps héroïques. Monument national, il héberge désormais des touristes. **Okaukuejo**, siège administratif, offre au visiteur nombre de commodités et une attraction saisissante: une mare éclairée la nuit, ce qui permet d'admirer les bêtes sauvages. Le troisième camp, **Halali**, doté d'installations modernes, se situe entre les deux précédents. Les trois sites restent ouverts toute l'année.

A l'est du parc, **Tsumeb** est une ville minière agréablement ombragée, qui tire sa prospérité de près de 180 minerais qu'on y trouve. Le sous-sol regorge non seulement de métaux à usage industriel: argent, cuivre, plomb ou cadmium, mais encore de gemmes et de cristaux, dont certains figurent au musée local.

Dernière curiosité superlative, près de la ville de Grootfontein: le **météorite Hoba** serait le plus gros aérolithe métallique jamais parvenu sur terre. Son poids atteindrait 55 tonnes. Découvert dans les années 20, il dut tomber il y a des milliers d'années.

Les plaisirs de la table

Les Namibiens étant des mangeurs de viande, de bonnes odeurs de grillade vous mettront souvent en appétit. Le bœuf local est bon, mais vous voudrez sans doute goûter à des viandes plus typiques – chevreuil, sanglier, voire zèbre. Sur la côte, poisson frais et fruits de mer (huîtres de Lüderitz ou langoustes du pays, par exemple) tiennent la vedette.

Survivance du «passé allemand», de savoureuses saucisses et viandes fumées agrémentent les platées de chou rouge au vinaigre, le tout accompagné par une gamme inventive de pains et petits pains. Quant aux desserts, strudels, tourtes du genre forêt-noire, etc., ils s'avèrent aussi somptueux qu'irrésistibles.

Sous la double influence du goût germanique et du climat, boire de la bière représente un passe-temps populaire. La bière, ici, est brassée selon des traditions qui remontent au XVIe siècle. A noter toutefois qu'en raison de la chaleur sa teneur en alcool est plus faible qu'en Europe.

Vous trouverez également des vins sud-africains, tout à fait remarquables pour certains. La région du Cap en produit depuis le XVIIe siècle, en effet. Le cabernet sauvignon fournit traditionnellement les crus les plus réputés. Associé au pinot noir, il donne le très apprécié Pinotage. Concernant les blancs, recherchez le chardonnay et le sauvignon blanc.

Les achats

Les cartes de Namibie signalent un territoire, au sud-ouest, par l'intrigante mention «Zone diamantifère 1 (Accès interdit)». Certains «cailloux» provenant de là reparaissent dans les boutiques: diamants, topazes ou tourmalines. Mais voyez aussi la joaillerie à motifs africains traditionnels, faite à la main.

Appelé *Swakara* en ce pays, le caracul (ou agneau de Perse) est façonné en vêtements élégants. Certains articles de maroquinerie sont en buffle ou en autruche.

Parmi les produits de l'artisanat indigène, citons les poupées en costume herero, les bibelots en bois sculptés, la poterie et la vannerie.

Sur certains articles tels que bijoux et fourrures, les voyageurs en provenance de pays d'outre-mer sont exemptés de la TVA locale.

Informations pratiques

Banques: elles sont ouvertes de 9 h à 15 h 30 du lundi au vendredi; de 9 h à 11 h le samedi.

Cartes de crédit: la plupart des commerces, hôtels et restaurants honorent les plus connues sur le plan international.

Conduite: en Namibie, on roule à gauche.

Eau: dans les villes, l'eau du robinet est traitée. Dans les campagnes, elle a parfois un goût salé, mais n'en reste pas moins potable.

Langue: l'anglais constitue la langue officielle. D'autre part, l'allemand et l'afrikaans demeurent très répandus, et il existe une bonne dizaine d'idiomes indigènes.

Monnaie: le dollar namibien (N$). Pièces: de 5 cents à N$5. Billets: de N$10 à N$100.

Pourboire: au restaurant, il est d'usage d'ajouter 10% à l'addition.

JPM Publications SA • *Le spécialiste du guide sur mesure*
12, avenue William-Fraisse, 1006 Lausanne, Suisse

Cap sur le Botswana

Un défi permanent

Hôtels de luxe et rendez-vous de chasse *(lodges)* existent, mais dans l'ensemble le Botswana est un pays sauvage et rude. Pas une destination pour timorés, considérant la chaleur, la poussière – et les éléphants qui peuvent soudain se jeter sur votre chemin. La prochaine station-service ou le point d'eau suivant peuvent être à des kilomètres, et sans avertissement la route passe du goudron au gravier puis à la piste de sable. Mais si vous persévérez, les panoramas sont uniques, inoubliables: paysages isolés aussi variés que déserts et lagons; richesse incroyable de la faune sauvage, des lions aux léopards, girafes et hippopotames.

Le Botswana, ancien protectorat britannique du Bechuanaland, couvre une superficie plus grande que la France mais est très peu peuplé: 1,3 million d'habitants, dont les nomades Bochimans dans le mystérieux désert du Kalahari. La majorité de la population, essentiellement rurale, se concentre aux frontières de l'Afrique du Sud et du Zimbabwe. (Pays continental, le Botswana jouxte également la Namibie et touche la Zambie, au nord, au confluent du Zambèze et de la rivière Chobe.)

De nombreux Etats peuvent envier la démocratie et la solide croissance économique du Botswana. Le système parlementaire de cette république fonctionne bien depuis l'indépendance, acquise pacifiquement et sans complication en 1966. La prospérité débuta peu après, avec la découverte fortuite d'énormes réserves de diamants. Le bétail est lui aussi un produit d'exportation tout sauf négligeable. Reste que ce pays constitue, pour les touristes, une destination plutôt chère.

Les villes, et tout d'abord Gaborone, la moderne capitale, ne sont pas sans intérêt, mais elles servent avant tout de tremplin pour l'attraction majeure du Botswana: les 17% du territoire dédiés à la conservation de la faune et de la nature en général. Le Chobe National Park abrite d'immenses troupeaux d'éléphants et de buffles. Au Gemsbok National Park, vous verrez lions et guépards. La réserve la plus originale est celle d'Okavango Delta, dans le nord; les eaux du plus vaste delta intérieur de la planète – entouré d'un désert – attirent éléphants, hippopotames, zèbres et girafes assoiffés. Vous pourrez parcourir les lieux en pirogue, mais ne prenez pas un crocodile qui fait sa sieste pour un tronc d'arbre flottant…

Un peu d'histoire

25 000 av. J.-C.	A l'âge de la pierre, les ancêtres des San («Bochimans») et des Khoe («Hottentots») laissent des outils et des peintures rupestres au Botswana.
Ier–VIIIe siècle apr. J.-C.	Des Bantous arrivent d'Afrique centrale. Des communautés d'agriculteurs et de mineurs se développent.
XIVe siècle	Des clans de Tswana (Batswana), issus du peuple bantou, s'installent dans le pays.
XIXe siècle	Des guerriers zoulous en mal d'expansion menacent le pays, provoquant des migrations de tribus terrorisées vers l'Afrique australe. En 1820, la London Missionary Society envoie Robert Moffat convertir les Batswana au christianisme. Plus tard, David Livingstone, membre de la même société, établit une mission et fait de nombreux convertis, dont le chef Khama III. On découvre de l'or près de Francistown (1866). Alarmé par les raids des Boers d'Afrique du Sud, Khama demande la protection des Britanniques. En 1885, pour contrer l'influence allemande dans le Sud-Ouest africain et contenir les Boers, la Grande-Bretagne déclare son protectorat sur le Bechuanaland. La capitale est placée hors du Bechuanaland, à Mafeking (Afrique du Sud). L'Angleterre se propose de confier l'administration du Bechuanaland à la British South Africa Company, dirigée par le magnat Cecil Rhodes. Des chefs de tribu se rendent à Londres plaider pour le statu quo. L'Angleterre accepte mais donne à Rhodes une bande de terre pour y construire sa ligne de chemin de fer «Le Cap-Le Caire».
XXe siècle	Après la victoire des Britanniques dans la guerre des Boers, l'Union sud-africaine est établie en 1910. L'Afrique du Sud propose d'absorber le Bechuanaland, mais des chefs de tribu résistent. Les sanctions économiques font chuter les exportations. Les Anglais créent le Conseil consultatif africain en 1920, donnant aux Batswana une voix au gouvernement du protectorat. Le chef Khama III meurt en 1923, âgé de 89 ans. Son fils monte sur le trône, mais décède après seulement deux ans au pouvoir. L'héritier présomptif, Seretse Khama, n'a que quatre ans; son oncle Tshekedi Khama devient régent. Durant ses études de droit à Oxford, Seretse Khama épouse en 1948 une jeune

Anglaise, Ruth Williams, provoquant une crise dynastique au Bechuanaland. Le couple finira par regagner le pays en tant que simples citoyens. Seretse Khama devient chef du Parti démocratique du Bechuanaland, qui gagne les premières élections législatives libres. La Grande-Bretagne accorde l'indépendance en 1966 et Sir Seretse Khama (anobli juste à temps) prend la présidence de la nouvelle République du Botswana. Des diamants sont découverts à Orapa, et le pays devient l'un des principaux producteurs. Réélu trois fois, Sir Seretse Khama meurt en 1980. Le Dr. Quett Masire lui succède.

Que voir

Le désert du Botswana est incomparable – et immense – mais il faut bien commencer quelque part. Nous partirons donc, prosaïquement, de la capitale, là où atterrissent les vols internationaux.

Gaborone

Jusqu'à l'indépendance, le pouvoir administratif se trouvait au sud de la frontière, à Mafeking, en Afrique du Sud. Depuis lors, la nouvelle capitale du Botswana, Gaborone, s'est développée rapidement et compte aujourd'hui plus d'un dixième de la population du pays. L'explosion de l'immobilier fut si brutale que la ville est souvent décrite comme manquant de caractère, cité tentaculaire enserrant le centre administratif et financier.

Gaborone sert principalement de point de transit pour le visiteur; ce n'est pas vraiment un but en soi. Mais pendant que vous dressez vos plans, que vous vous acclimatez, changez de l'argent et faites des achats le long du Mall, fort plaisant, prenez donc le temps de visiter le **National Museum**, qui donne un aperçu du désert du Kalahari, du mode de vie de ses nomades et de la faune sauvage du pays. Dans le même bâtiment, l'**Art Gallery** présente l'art non seulement botswanais mais encore africain et européen.

Serowe

Entre Gaborone et Francistown, Serowe est le plus grand village du Botswana, avec 60 000 habitants. C'est aussi le berceau de la famille royale Khama. Une statue commémore le premier président du Botswana, Sir Seretse Khama, et le **musée Khama III** est dédié à l'histoire de la famille aux XIXe et XXe siècles. Vous y verrez docu-

ZIMBABWE
NAMIBIE
AFRIQUE DU SUD
BOTSWANA
Kataba
CHOBE NATIONAL PARK
Shakawe
Tsodilo Hills
Okovango Delta
MOREMI WILDLIFE RESERVE
Nokaneng
NGAMILAND
NXAI PAN NATIONAL PARK
Nata
Bulawayo
Tsau
Maun
Toteng
Gweta
MAKGADIKGADI PANS GAME RESERVE
Makgadikgadi Pans
Ramokgwebana
Orapa
Francistown
Shashe
Selebi Phikwe
Bobonong
Ghanzi
CENTRAL
Serule
MASHATU GAME RESERVE
Sefophe
CENTRAL KALAHARI GAME RESERVE
Serowe
Tsetsebjwe
Messina
GHANZI
Palapye
Mamuno
Mahalapye
Parr´s Halt
KUTSE GAME RESERVE
Kang
KWENENG
KGATLENG
Pietersburg
Kalahari Desert
Tshane
Molepolole
Mochudi
Sekoma
Jwaneng
GABORONE
KGALAGADI
Khakhea
Kanye
GEMSBOK NATIONAL PARK
MABUASEHUBE GAME RESERVE
Werda
SOUTHERN
Lobatse
PRETORIA
KALAHARI GEMSBOK NATIONAL PARK
Ramatlabama
Tshabong
Johannesburg
Vryburg
0
100
200
300
400 km
N
AFRIQUE
BOTSWANA

Etincelant Kalahari
Les diamants de Serowe contribuent à la prospérité du Botswana. Des centaines de villageois taillent et polissent certaines des pierres extraites du Kalahari. Le premier gîte diamantifère du Botswana fut découvert en 1967 à Orapa, au nord-ouest de Serowe. Mais la plus grande mine de diamants, exploitée depuis 1973, se trouve à Jwaneng, à l'ouest de Gaborone. La sécurité sur ces sites implique des règles très strictes; pas de visites guidées pour l'instant.

ments, uniformes et armes diverses. Le musée, qui occupe la Maison Rouge, demeure ancestrale de la famille, présente également la vie du peuple Bangtowo de la région et des Bochimans.

Si vous le désirez, faites aussi un saut au musée d'Histoire naturelle, qui abrite une collection de plus de mille espèces d'insectes.

Francistown

Reliée à Gaborone par avion, par chemin de fer et par une bonne route, la plus ancienne cité du Botswana date de la ruée vers l'or des années 1860. Lesdits filons sont pour la plupart taris, mais on extrait toujours d'autres métaux moins nobles, et la ville connaît également une activité agricole et industrielle. Certains édifices du XIXe siècle, l'ancienne gare, la prison et le tribunal ont été conservés.

La principale ville du nord-est compte de bons hôtels et des boutiques, ainsi qu'un cinéma.

Maun

De nombreux safaris partent de Maun, sorte de cité du Far-West aux abords de l'étonnant Okavango Delta. La case de boue séchée est ici la règle, et le bétail déambule librement dans les rues poussiéreuses. Vous y verrez un mélange hétéroclite d'authentiques villageois africains, de guides venus d'Europe, de naturalistes et de chasseurs fraîchement sortis de la brousse.

Maun est idéale pour organiser un safari, faire des provisions avant de partir en brousse – ou jouir d'un maigre confort, néanmoins bienvenu après un périple dans le désert.

Parcs nationaux

Dans les parcs nationaux et réserves du Botswana, les animaux, les oiseaux, les paysages – et la solitude – sont merveilleusement préservés. L'hébergement va de la *lodge* tout confort au terrain de camping spartiate. La politique touristique du pays tend à décourager

Les camps de safari – au demeurant confortables – procurent de superbes occasions d'observer la faune locale.

les hordes de touristes sac au dos au profit de quelques gros clients; vous serez donc pratiquement obligé de vivre dans le luxe entre deux excursions.

Gaborone Game Reserve

Pour les touristes débarquant de l'avion, la réserve de Gaborone, aux abords de la capitale, donne un bon aperçu de la faune présente dans les grands parcs nationaux. Depuis Gaborone, on peut en une demi-journée aller voir gnou, zèbre, rhinocéros blanc et plusieurs espèces d'antilopes. Les meilleurs moments pour apercevoir la faune sont, comme bien souvent, tôt le matin ou en début de soirée. (Noter toutefois que la réserve ferme à 18 h 30.)

Okavango Delta

En principe les fleuves coulent vers la mer, ou du moins essaient, mais l'Okavango, qui prend sa source en Angola, est frustré par la géologie. Incapable d'atteindre l'océan Indien en raison de modifications de la croûte terrestre, il se perd dans les sables du désert du Kalahari, l'endroit le plus inattendu pour un vaste système de delta. En période de crue, les eaux occupent une superficie de plus de 16 000 km^2, formée en grande partie d'étangs couverts de nénuphars et d'étroits chenaux peu profonds, envahis par les papyrus.

En pirogue sur le delta
L'équivalent local du gondolier vénitien propulse sa pirogue à la gaffe à travers le labyrinthe du delta de l'Okavango. Dans cet univers de voies d'eau en constante mutation, les cartes sont inutiles, seule compte l'adresse du piroguier – et nombre de chenaux sont juste assez profonds pour permettre à l'embarcation de se frayer un passage. Le *mokoro*, creusé dans un unique tronc d'arbre, peut recevoir trois passagers. Les meilleurs piroguiers sont en plus capables de signaler au passage les différents mammifères et oiseaux rencontrés.

Ces eaux claires et douces attirent des douzaines d'espèces de mammifères, 200 variétés d'oiseaux et 80 de poissons, mais antilopes, zèbres et babouins sont presque écrasés par l'extraordinaire beauté du décor, dans une nature absolument intacte.

De petits avions relient Maun aux campements des safaris sur les îles du delta – le vol est en lui-même une superbe introduction à la beauté et au mystère du lieu. Pour explorer le delta tout à loisir, le mieux est d'utiliser un *mokoro* (pirogue) avec à son bord un pilote expérimenté.

Moremi Wildlife Reserve

Au nord-est du delta de l'Okavango, la réserve de Moremi offre toute une gamme de paysages sur 1800 km^2 – forêts d'acacias, terres inondables, étangs, marécages et roselières. Cette remarquable diversité permet de visiter la réserve par terre ou sur l'eau, ou encore les deux. La faune est aussi variée que le terrain, allant du lion au léopard en passant par l'éléphant et le buffle. Quant aux oiseaux – cigognes, hérons, aigles et guêpiers – ils ravissent les yeux et le cœur de l'ornithologue le moins averti.

En 1963, les hommes de la tribu Tswana ont fait don de ces terres à la nation.

Tsodilo Hills

Au nord-ouest du delta, près de la pointe de Caprivi (Namibie), quatre collines rocheuses émergent des dunes. Le mystère quasi religieux qui s'en dégage et la présence de sources font que la région est habitée depuis des millénaires, ainsi qu'en témoigne une profusion de peintures rupestres – animaux (certains aujourd'hui éteints), sujets abstraits, figures géométriques et, plus rarement, êtres humains. Certaines auraient été peintes entre 1000 et 1800 par les ancêtres des Basarwa et des Bantous qui habitent encore la région.

Quatre collines constituées de quartzites se dressent ainsi en ligne. Les Bochimans ont baptisé trois d'entre elles: «Mâle», «Femelle» et «Enfant». La plupart des œuvres d'art – le plus grand trésor archéologique du Botswana – sont concentrées autour de la colline «Femelle». L'explorateur et écrivain Laurens van der Post l'appela «un Louvre du désert». Signe des temps: des vandales ont profané certaines peintures rupestres en les recouvrant de graffiti modernes.

Les «cinq grands»

Il y a tant d'éléphants dans les parcs nationaux du Botswana, et ils font de telles cibles que vous ne pouvez manquer d'en voir ou d'en photographier un troupeau. Si le zèbre, la girafe et l'antilope abondent eux aussi, le cinquième «grand» se révèle plus fuyant: le buffle du Cap, avec ses grandes cornes incurvées, est en effet menacé par les chasseurs de trophées et les indigènes amateurs de viande, mais vous en apercevrez probablement tout de même. Les léopards restent entre eux, dormant la plus grande partie de la journée dans des arbres et chassant la nuit. Les lions sont grégaires mais difficiles à distinguer dans la brousse; le mieux est de les guetter aux abords des points d'eau durant la saison sèche. Quant au rhinocéros, animal végétarien, il a été chassé sans merci et ne fait que de rares apparitions, à l'aube et au crépuscule, pour venir se désaltérer.

Chobe National Park

La meilleure saison pour visiter Chobe, dans le nord-est du Botswana, va de mai à septembre, lorsqu'une excursion d'une journée peut révéler des milliers d'animaux – éléphants en nombre incroyable (trop, même, pour l'environnement), buffles, hippopotames, girafes, koudous et impalas. On y trouve aussi plus de 250 espèces d'oiseaux. La superficie du parc, 11 000 km^2, est à peu près celle de la Jamaïque.

L'hébergement varie des camps surpeuplés aux somptueuses *lodges*, à l'intérieur du parc, là où Richard Burton et Liz Taylor passèrent leur seconde lune de miel dans un luxe effréné.

La partie nord du parc, Serondella, longe la rivière Chobe, dans laquelle des troupeaux entiers d'éléphants et de buffles viennent boire et se baigner. Le paysage, ici, est un mélange incomparable de plaines inondables et de forêts riveraines. La ville qui dessert cette partie de la réserve, Kasane, offre diverses facilités: location de voiture, organisation de safaris, banque et bureau de poste.

La partie centrale du parc, Ngwezumba, et le sud-ouest de la réserve, Savuti, possèdent une riche faune, surtout durant la saison des pluies, de novembre à mai. La dépression de Mababe est le lit d'un ancien lac, désormais une plaine qui revit lorsqu'il pleut. Une crête sablonneuse de plus de 100 km de long marque l'une des limites du grand lac depuis longtemps asséché. Même lorsque les pluies se font rares, les animaux sauvages y broutent la maigre végétation.

Quatre Botswanais sur cinq vivent encore en zone rurale.

Nxai Pan National Park

Lorsqu'il pleut, de novembre à mars, l'ancien lit du lac reverdit et zèbres, oryx (gemsboks) ou springboks au bond gracieux et gnous maladroits se précipitent au Nxai Pan pour y brouter, boire et s'y reproduire. La région est aussi réputée pour ses girafes et ses léopards. Des oiseaux migrateurs y font escale, à la grande joie des ornithologues amateurs.

Point de repère au sud de la réserve, un bosquet de baobabs baptisés Baines' Baobabs, du nom de Thomas Baines, l'artiste qui les peignit en 1862. Ces baobabs à tronc épais, appelés parfois arbres à pain aux singes, donnent un fruit possédant des vertus médicinales. Leurs vastes branches procurent une ombre bienvenue – et ceux-ci sont vraiment magnifiques.

Makgadikgadi Pans (marais de Makgadikgadi)

Il y avait là jadis un lac plus vaste que le lac Victoria, mais il s'assécha il y a fort longtemps et il n'en subsiste qu'un souvenir à la saison des pluies. De larges dépressions ou marais salants – tout ce qui reste du lac préhistorique – attirent le gibier d'eau. Vous pourrez y admirer de grandes troupes de flamants roses. A l'ouest, les plaines qui ne sont pas aussi saturées en sel abritent une riche faune sauvage, notamment après le début des pluies, en septembre et octobre. La région est sur une grande voie de migration des antilopes et des prédateurs qui les suivent.

Le seul moyen de locomotion disponible pour les touristes désirant visiter les réserves de Nxai Pan et Makgadikgadi est le véhicule 4×4.

Central Kalahari Game Reserve

Au cœur même du Botswana, la seconde plus grande réserve du monde est plus vaste que certains Etats européens, comme le Danemark, la Suisse ou les Pays-Bas. C'est encore une terre vierge – pas de routes, de campings, aucun signe de civilisation – et le gouvernement tient à la maintenir dans cet état. Il faut un permis spécial pour pouvoir y pénétrer. L'un des rares points de repère porte le nom évocateur de Deception Valley.

Si les pluies ont été peu abondantes, les animaux seront moins nombreux que dans d'autres réserves possédant de bonnes sources. Mais les antilopes savent survivre durant la sécheresse en buvant la rosée qui perle sur la végétation. Autour règne le Kalahari, désert grandiose et silencieux.

Khutse Game Reserve

Quelques camps rudimentaires réservés aux voyageurs munis de leurs propres ressources (eau, nourriture, essence): voilà tout le luxe que procure cette petite réserve accolée au nord de la réserve de Central Kalahari. Vous y rencontrerez peut-être des Bochimans qui connaissent bien la vie du désert et de sa faune, et les moyens de surmonter les rigueurs du Kalahari. Après les pluies, cette réserve attire des lions, des léopards et leurs proies, ainsi qu'une grande variété d'oiseaux. Située à environ 240 km au nord-ouest de Gaborone, la réserve de Khutse est la plus proche de la capitale, mais elle n'est pas facile d'accès: un véhicule 4×4 est indispensable.

Gemsbok National Park

La faune sauvage ne connaît pas les frontières: l'antilope passe librement de la partie botswanaise à la partie sud-africaine du parc national, car il n'y a ni palissade ni grillage. Dans le désert, le gibier doit parfois parcourir de grandes distances pour trouver l'eau et la nourriture dont il a besoin. Mais deux rivières généralement à sec, l'Auob et le Nossob, se fraient un chemin entre les dunes, et c'est une explosion de fleurs lorsqu'il pleut.

Les éléphants, en se multipliant, provoquent des ravages.

Vous verrez alors des oryx ou gemsboks (emblème du parc), des gnous, des élands et des springboks – suivis pas à pas par les lions et les guépards qui espèrent leur tendre une embuscade, et fermant la marche, les équipes de nettoyage: hyènes et chacals.

Le parc compte plus de 200 espèces d'oiseaux. L'extraordinaire oiseau-tisserand *(Philetiarus socius)*, fort sociable, bâtit de gigantesques nids dans les arbres, divisés en «appartements» pouvant abriter jusqu'à une centaine de couples. Mais pour de nombreux visiteurs, la magie du désert, c'est d'abord le temps qui semble s'arrêter, la solitude et les dunes de sable rouge qui cèdent la place soudain à l'herbe et aux arbres de la savane.

Au volant dans la brousse

Se lancer dans un safari en conduisant soi-même à travers brousse, désert ou marais est une rude expérience, semée de dangers potentiels.

Commencez par vous familiariser avec votre véhicule, et habituez-vous aux ressources de la traction intégrale dès les premières difficultés, avant même de quitter le goudron. Les trajets interminables dans le sable et la boue mettront à l'épreuve vos aptitudes – et celles de la voiture.

Avec la faune, ouvrez l'œil et «gardez vos distances». Accordez la priorité à la première bête venue – chèvre errante ou troupeau d'éléphants. Ne quittez pas votre siège et ne sortez même pas un bras, s'il y a des animaux à proximité: tous peuvent s'avérer dangereux, si «gentils» qu'ils semblent. Et ne leur donner pas à manger.

Conduire de nuit est toujours une aventure, même sur des routes revêtues. Un animal, sauvage ou non, peut surgir à tout moment. En hiver, les risques sont accrus, car le revêtement de la chaussée, retenant la chaleur du jour, attire les bêtes. Mettez les grands phares et utilisez le projecteur, s'il y en a un. Mieux, evitez de rouler dès la tombée du jour!

Si les axes principaux sont goudronnés, le réseau routier consiste en bonne partie en pistes de sable ou en gravier: les voitures venant en face soulèvent des nuages de poussière qui réduisent la visibilité à néant. En ce cas, roulez très lentement, ou rangez-vous, et allumez vos phares.

Mabuasehube Game Reserve

Cette petite réserve, à la pointe orientale du Gemsbok, est difficile d'accès et partant peu visitée. Son nom signifie «sol rouge», description succincte des sables du Kalahari, imprégnés d'oxyde de fer. Les marais salants de Mabuasehube, qui changent de couleur selon le moment de la journée, sont une véritable curiosité. Pendant la saison des pluies, ces marais, bordés de hautes dunes, rassemblent les animaux assoiffés: oryx, springboks, élands et gnous, ainsi que lions, léopards et oiseaux de toutes sortes.

Les plaisirs de la table

Avec deux têtes de bétail par habitant, le Botswana est un énorme producteur de viande de bœuf; malgré de fortes exportations, il en reste assez pour la consommation locale. C'est une viande qui a du gôut, quoique peut-être un peu moins tendre que celle des USA ou d'Argentine. On trouve du bœuf sur toutes les cartes de restaurant, sous forme de steaks, hamburgers ou pâtés. Pour changer, choisissez du poulet frit ou une pizza. On vous proposera aussi l'un des délicats poissons de rivière du Botswana – la brème. Si vous rêvez de légumes après quelques jours de corned beef dans la brousse, optez pour les buffets des grands hôtels, qui débordent de salades.

La cuisine rappelle en général l'époque coloniale anglaise, mais certaines *lodges* de luxe font notablement exception. La concurrence étant forte, elles engagent des cuisiniers de talent qui utilisent les meilleurs produits locaux et importés pour créer des repas originaux pour leurs clientèle exigeante.

L'alimentation ordinaire des villageois, par contraste, est extrêmement simple. La base en est une bouillie de maïs, nourrissante mais insipide. Pour l'accompagner, concombres, potirons, melons, haricots et – délicatesse suprême – des insectes grillés.

Si vous êtes en brousse, vous apprécierez le *biltong*, des lanières de viande séchée à l'air qui ne nécessitent aucune réfrigération. Fait de bœuf ou de gibier, il est coriace mais savoureux.

Les vins de l'Afrique du Sud toute proche, qui ont acquis une renommée internationale, sont disponibles pratiquement partout au Botswana. La bièrc locale, servie glacée, n'est pas désagréable du tout. Vous trouverez également diverses boissons sucrées.

Les achats

Dans les centres commerciaux, les boutiques d'artisanat des hôtels et *lodges* ou le long des routes, la vannerie constitue la part essentielle des souvenirs proposés à la vente. Voyez les paniers, plateaux et jouets, certains de très haute qualité, tressés en feuilles de palme.

D'habiles artisans fabriquent aussi des objets en bois sculpté, de la poterie et des bijoux. Les tisserands proposent des tentures, vêtements et nappes.

On voit peu de Bochimans, mais ils créent d'attrayants bracelets et ceintures, utilisant à la place de perles de minuscules fragments d'œufs d'autruche. Autre souvenir original: l'arc et les flèches utilisés par les Bochimans pour chasser.

Vous opterez peut-être pour des peaux d'animaux (la plus spectaculaire étant la peau de zèbre) obtenues lors de battues destinées à assainir les troupeaux. Vous trouverez également des articles en peau de crocodile.

Informations pratiques

Banques: elles sont ouvertes de 9 h à 14 h 30 le lundi, mardi, jeudi et vendredi; de 8 h 15 à midi le mercredi et de 8 h 15 à 10 h 45 le samedi.

Cartes de crédit: les principales cartes internationales sont acceptées dans certains établissements seulement. On peut changer les chèques de voyage dans les banques et les hôtels.

Climat: au sud de l'équateur, les saisons sont inversées. L'été, qui dure d'octobre à avril, est aussi la saison des pluies. Les mois de mai à septembre sont plus frais et plus secs. En hiver, les températures peuvent avoisiner zéro degré au petit matin.

Commerces: généralement ouverts de 8 h 30 à 13 h et de 14 h à 17 h du lundi au vendredi, ainsi que le samedi matin.

Conduite: le réseau routier relie les principales villes. On roule à gauche. La vitesse hors des localités est limitée à 120 km/h.

Décalage horaire: GMT + 2 toute l'année.

Eau: l'eau du robinet est potable en ville et dans les hôtels. Ne buvez pas l'eau des rivières et ne vous y baignez pas !

Langues: les langues officielles sont le setswana et l'anglais.

Monnaie: l'unité monétaire du Botswana est le *pula* (P) divisé en 100 *thebe*. Billets: de P5 à P100. Pièces: de 1 thebe à P2. Aucune restriction d'importation de devises étrangères (qui doivent être toutefois déclarées à l'arrivée), mais l'exportation de monnaie locale est limitée à P500.

Photographie: demandez la permission de photographier les gens. Ne filmez pas de bâtiments militaires, aéroports ou résidences officielles du gouvernement.

Pourboires: dans les zones urbaines, on donne généralement 10% de pourboire.

Taxis: convenez du prix de la course avant de monter en voiture.

Voltage: 220/240 volts, 50 cycles.

JPM Publications SA • *Le spécialiste du guide sur mesure*

12, avenue William-Fraisse, 1006 Lausanne, Suisse

Cap sur le Zimbabwe

Fière indépendance

Le pays s'étend du Limpopo au Zambèze, deux fleuves qui évoquent le cœur de l'Afrique, son mystère, ses rythmes et sa faune sauvage. Lions, éléphants et rhinocéros y sont rois. La population, une mosaïque de races de 11 millions d'âmes, vit en harmonie dans un Etat indépendant.

Avec une superficie dépassant 390 000 km², le Zimbabwe possède ressources naturelles et merveilles de la nature en abondance. Bien que situé sous les tropiques, son climat, en raison de l'altitude, est plus tempéré qu'on s'y attendrait. En fin renard qu'il était, Cecil Rhodes, le *conquistador* britannique, flaira immédiatement les possibilités d'avenir du pays. Les Britanniques l'ont baptisé Rhodésie, en son honneur. Mais l'Histoire a choisi de retenir le nom que portait le pays avant l'ère coloniale et depuis le Moyen Age déjà: le Zimbabwe.

Une cité-Etat fort avancée bâtit l'impressionnante forteresse du Grand Zimbabwe, sur une hauteur, la plus vaste structure en pierre d'Afrique après les pyramides d'Egypte. Elle prospéra entre le XIIIe et le XVe siècle. Les premiers explorateurs européens, des Portugais, arrivèrent au XVIe siècle, attirés par des rumeurs de nouvel Eldorado. Celles-ci s'avérant exagérées, les aventuriers chercheurs d'or se retirèrent, laissant les missionnaires portugais se répandre dans le pays pour le convertir.

Le Zimbabwe résista à la colonisation européenne jusqu'à la fin du XIXe siècle, lorsque le groupe minier de Rhodes, la British South Africa Company, prit les choses en main. Le pays fut dirigé par la Compagnie jusqu'à la création, en 1923, de la colonie britannique de Rhodésie du Sud.

Le vent du changement balaya l'Afrique dans les années 1960, mais les Blancs au pouvoir en Rhodésie étaient prêts à tout pour conserver le statu quo. Ils déclarèrent unilatéralement l'indépendance, au prix d'une coûteuse guerre civile, les combattants Noirs réclamant le pouvoir pour la majorité. Les Nations Unies imposèrent des sanctions, qui prouvèrent au moins les capacités d'autarcie du pays. La paix revint et, en 1980, la majorité obtint l'indépendance. Restaient les problèmes des querelles intestines entre partis politiques noirs, le chômage, l'inflation, la corruption et la sécheresse. Mais la paix et la tolérance règnent dans le pays, cas rare sur ce continent troublé.

Un peu d’histoire

VIIIe–XIIe siècle	Les ancêtres des Shonas occupent le territoire de l’actuel Zimbabwe; ils commercent avec les Arabes installés sur les côtes, échangeant cornes de rhinocéros et ivoire contre des pièces de monnaie, de la verroterie et de la porcelaine chinoise.
XIIIe–XVIe siècle	L’empire Shona, à l’étiquette de cour très élaborée, règne depuis l’énorme forteresse en pierre sèche du Grand Zimbabwe; il utilise des Bochimans (Bushmen) comme esclaves. Vers 1450, l’empereur Mambo Mutota, avide de conquêtes, domine un territoire s’étendant au-delà des frontières du Mozambique actuel. Mais l’empire éclate à la fin du siècle.
XVIe–XVIIe siècle	Des explorateurs portugais arrivent, cherchant les sources de l’or du Zimbabwe. La puissance des colons et missionnaires portugais croît au XVIIe siècle, mais ils sont finalement repoussés militairement.
XVIIIe–XIXe siècle	Les raids du guerrier zoulou Shaka mettent l’Afrique australe en ébullition. Mzilikazi, l’un des généraux de Shaka, et ses partisans Ndebele pénètrent au Zimbabwe, réduisant les Shonas à l’état de vassaux. Des missionnaires et des explorateurs britanniques opèrent aussi au Zimbabwe. David Livingstone, de la London Missionary Society, découvre le Zambèze. En 1888, le roi Lobengula signe un traité d’amitié perpétuelle avec l’Angleterre. Le monarque signe également un accord avec le magnat du diamant, Cecil Rhodes, lui concédant tous les droits sur les ressources minières. En 1890, sous les ordres de Rhodes, des colons blancs d’Afrique du Sud arrivent dans la future Rhodésie, bâtissant Fort Salisbury en guise de quartier général. Les pionniers s’approprient les terres et s’imposent par la force. Lobengula tente de réagir, mais en vain. En 1895 le pays prend officiellement le nom de Rhodésie.
XXe siècle	Dirigée par sa minorité blanche, la Rhodésie du Sud devient colonie britannique. Des restrictions privent les Noirs du droit d’acquérir de bonnes terres; l’accès à l’instruction, aux soins médicaux et au pouvoir politique leur est refusé. Dans les années soixante, la Grande-Bretagne force Salisbury à concéder des droits à sa majorité noire victime de ségrégation. Des Blancs emmenés par le

premier ministre Ian Smith déclarent unilatéralement l'indépendance. Les Nations Unies imposent des sanctions diplomatiques et économiques, mais l'économie rhodésienne survit et se développe même. La guerre civile éclate, faisant des milliers de victimes. En 1980 le Zimbabwe, dirigé par un gouvernement à majorité noire, obtient son indépendance, avec la bénédiction de l'Angleterre et de la communauté internationale.

Que voir

Les spectaculaires chutes Victoria, les ruines historiques du Grand Zimbabwe et dix parcs nationaux: le Zimbabwe a de quoi occuper plusieurs séjours. Avant de découvrir les principaux sites naturels, promenons-nous dans la capitale, qui offre tous les agréments de la civilisation.

Harare

C'est l'ancien Salisbury de l'époque coloniale, et ses fondateurs auraient de la peine aujourd'hui à reconnaître le fort – une petite métropole colorée, avec des parcs et des jardins, de larges avenues et une architecture moderne autant que coloniale.

Le nom d'Harare, choisi à l'indépendance, se réfère à un ancien chef connu pour ne jamais dormir, ou du moins pour être toujours alerte. La ville, elle, est plutôt du genre décontracté, même si elle réunit gouvernement, commerce et industrie. Les natifs de «Sunshine City» prennent leurs loisirs au sérieux, exploitant toutes sortes de possibilités de divertissement, y compris les 14 golfs de la région.

Quelques musées, pour commencer la visite. La **National Art Gallery**, au centre ville, expose des œuvres d'artistes contemporains d'Europe et du Zimbabwe, ainsi que des masques et statues traditionnels. **Queen Victoria Museum**, dans le complexe de Civil Centre, offre un avant-goût de la faune du Zimbabwe.

En dehors de la ville, les **Tobacco Auction Rooms** (salles de vente aux enchères) sont une attraction inhabituelle. Le Zimbabwe est un grand producteur de tabac, et les enchères montent lorsque cultivateurs et acheteurs se rencontrent – le matin, d'avril à septembre environ. Le public est admis.

La culture shona est à l'honneur à **Chapungu Kraal**, un village de huttes aux toits de chaume débordant de statues

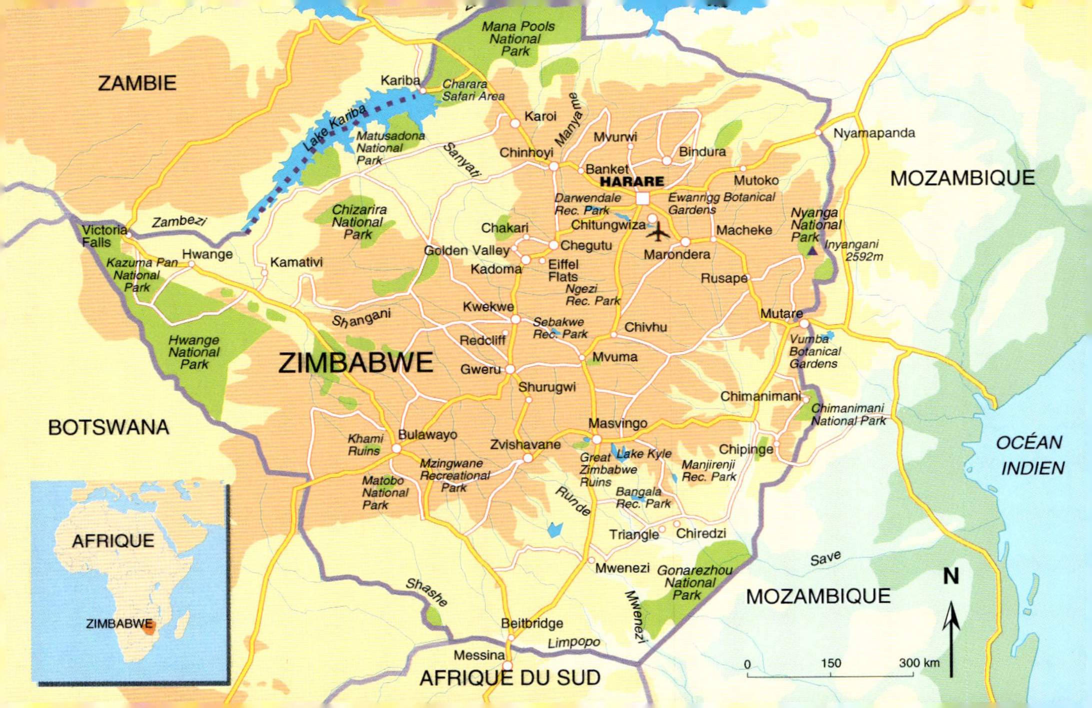

ZAMBIE
MOZAMBIQUE
BOTSWANA
AFRIQUE DU SUD
OCÉAN INDIEN
ZIMBABWE
HARARE
Mana Pools National Park
Kariba
Charara Safari Area
Lake Kariba
Matusadona National Park
Karoi
Manyame
Chinhoyi
Mvurwi
Bindura
Banket
Nyamapanda
Mutoko
Ewanrigg Botanical Gardens
Darwendale Rec. Park
Chitungwiza
Chakari
Chegutu
Macheke
Marondera
Nyanga National Park
Inyangani 2592m
Zambezi
Sanyati
Victoria Falls
Hwange
Kazuma Pan National Park
Kamativi
Chizarira National Park
Golden Valley
Kadoma
Eiffel Flats
Ngezi Rec. Park
Rusape
Kwekwe
Sebakwe Rec. Park
Chivhu
Mutare
Vumba Botanical Gardens
Shangani
Redcliff
Mvuma
Gweru
Shurugwi
Hwange National Park
Chimanimani
Chimanimani National Park
Masvingo
Bulawayo
Khami Ruins
Zvishavane
Great Zimbabwe Ruins
Lake Kyle
Chipinge
Mzingwane Recreational Park
Matobo National Park
Manjirenji Rec. Park
Bangala Rec. Park
Runde
Triangle
Chiredzi
Save
Mwenezi
Gonarezhou National Park
Shashe
Beitbridge
Limpopo
Messina
AFRIQUE
0
150
300 km
N

Près d'Harare, une crocheteuse habile présente ses toiles arachnéennes. Ou laissez-vous tenter par des masques, figurines ou pierres précieuses.

tribales. Vous y verrez des spectacles de danse et de musique, et même le sorcier du village.

Le **Jardin botanique Ewanrigg**, à 40 km au nord-est d'Harare, possède un superbe parc paysager ainsi qu'un bush authentique qui vous initiera à l'Afrique profonde. Des panneaux informatifs signalent les nombreuses espèces d'arbres, plantes et cactées.

Les ornithologues amateurs ne manqueront pas les **Larvon Bird Gardens**, peuplés de plus de 400 espèces. Plus loin sur la route de Bulawayo, Lion Park exhibe plus de lions que vous n'en verrez jamais ailleurs.

Le **lac McIlwaine** est la principale base de loisirs d'Harare; on peut y faire du bateau ou pêcher – poisson-tigre, brème ou barbeau. Sa petite réserve d'animaux, avec ses antilopes, zèbres et girafes, attire aussi des myriades d'oiseaux migrateurs. Les guides du parc emmènent les visiteurs voir d'antiques peintures rupestres dans les environs.

Bulawayo

Seconde ville du Zimbabwe, Bulawayo était la capitale du puissant roi Ndebele Lobengula. C'est aujourd'hui une plaisante cité de plus d'un demi-million d'habitants. Malgré la proximité du désert du Kalahari, l'approvisionnement en eau est suffisant pour entretenir parcs et jardins publics.

En plein centre, l'**Hôtel de Ville**, qui abrite l'Office du tourisme, une galerie d'art et les archives nationales concernant la région, se distingue par sa haute tour de l'horloge, toute blanche. Sur la place se tient un marché où l'on peut acheter fleurs et artisanat.

Aux abords du centre ville, deux parcs adjacents – **Centenary Park** et **Central Park** – offrent leurs jardins fleuris, une réserve d'animaux et même un train miniature et une piscine olympique. Le clou de Centenary Park est son moderne **Musée d'histoire naturelle**, bonne introduction à la vie sauvage du pays. Le musée expose quelque 75 000 spécimens de mammifères – la plus vaste collection d'Afrique australe, semble-t-il. Vous y admirerez des reproductions de peintures rupestres, des expositions sur l'histoire et les ressources minières – dont l'or. A l'extérieur se dressent d'anciennes machines utilisées dans les mines.

Une bouffée de nostalgie vous attend au **Railway Museum**. Quelques grandes locomotives à vapeur anciennes ont fini là, ainsi qu'un wagon de voyageurs parfaitement restauré, véritable musée sur roues datant de 1904. Bulawayo est le centre du réseau ferroviaire national.

Matobo National Park

D'étranges formations rocheuses, des grottes préhistoriques ornées de peintures rupestres bochimanes, une réserve d'animaux et un parc de loisirs font du Parc national Matobo l'une des attractions touristiques majeures du Zimbabwe – à seulement 30 km au sud de Bulawayo. L'endroit est tellement poétique que Cecil Rhodes demanda à y être enterré; on peut voir sa tombe toute simple, sur la colline qu'il appelait View of the World (Vue sur le monde).

Les **formations rocheuses**, résultat de centaines de millions d'années d'érosion, alternent avec de verdoyantes vallées. Le général Ndebele Mzilikazi baptisa d'abord ces rochers Matobo, «à la tête chauve». Les colons européens estropièrent le nom en Matopos, mais on a rectifié depuis.

Dans la réserve de Matobo vivent girafes, rhinocéros, zèbres et gnous; vous y verrez d'innombrables babouins et autres singes. On y trouve également ce qui serait la plus grande concentration au monde d'aigles noirs.

Khami Ruins

La région des ruines de Khami, à environ 20 km à l'ouest de Bulawayo, est habitée depuis plus de 100 000 ans. Mais les ruines, deuxième plus vaste complexe d'antiques structures en pierre du Zimbabwe, datent du XVe au XVIIe siècle. Comme les ruines du Grand Zimbabwe, à l'est, Khami est une ingénieuse construction en pierre sèche. Il semblerait que des guerriers zoulous aient exterminé ses derniers habitants au début du XIXe siècle. Sur le site, un petit musée expose quelques objets indiquant que les maîtres de Khami commercèrent avec les premiers explorateurs et missionnaires européens.

Hwange National Park

A l'extrémité nord-ouest du Zimbabwe, la plus grande réserve du pays compte plus de 100 espèces animales et quatre fois autant de sortes d'oiseaux. L'éléphant tient la vedette – d'immenses troupeaux viennent s'abreuver aux points d'eau. (Ils sont même si nombreux qu'on doit éliminer les éléments malsains des troupeaux pour réduire leur impact sur l'environnement et les autres espèces.) On voit facilement des girafes,

Merci, Cecil

L'impitoyable magnat du diamant et de l'or Cecil Rhodes (1853–1902) ne gaspilla pas sa fortune dans le luxe. A sa mort, il légua près de 3 millions de livres pour fonder une bourse (Rhodes Scholarship) à l'Université d'Oxford, destinée à des étudiants des Etats-Unis et du Commonwealth. Après leurs études à Oxford, nombre de bénéficiaires de cette bourse sont devenus des figures célèbres du monde intellectuel et politique.

zèbres, buffles et des hordes entières d'antilopes de toutes sortes. Lions, rhinocéros et hippopotames sont un peu plus difficiles à apercevoir. Les ornithologues amateurs comparent les mérites du milan à bec jaune et de la cigogne à bec ensellé.

Le Parc national de Hwange couvre plus de 14650 km² – la moitié de la Belgique. Trois camps sont reliés par près de 500 km de routes propices à toutes les découvertes. Le parc offre divers points d'hébergement. Randonnées nocturnes guidées, safaris au clair de lune en minibus, nuits passées dans une hutte bâtie dans un arbre dominant un point d'eau: il y a plusieurs façons d'approcher la faune sauvage du parc. La meilleure saison est septembre-octobre, la saison sèche, lorsque les points d'eau sont particulièrement recherchés par les animaux qui se pressent là pour boire ou se baigner.

Victoria Falls

Voir les chutes Victoria, les entendre, sentir les embruns sur son visage est certes une expérience irremplaçable. Voici néanmoins quelques chiffres pour planter le décor. Le fleuve Zambèze déverse ici 545 millions de litres d'eau par minute dans une étroite gorge haute de plus de 100 mètres. Le brouillard d'eau et les embruns jaillissent à près de 500 m dans le ciel, d'où le nom donné aux chutes par les indigènes: Mosi-oa-Tunya, la Fumée qui Gronde. On peut voir le brouillard d'eau à 30 km de là. Les arcs-en-ciel qui jouent sur les plus grandes chutes du monde sont tout à fait extraordinaires, et le terrain alentour est si détrempé qu'on l'appelle la Rain Forest.

Les chutes Victoria sont formées de cinq cascades différentes. A l'ouest, Devil's Cataract est étroite mais puissante. Au-delà de Cataract Island commence la chute principale (Main Falls). Puis viennent l'étroite cascade du Fer à cheval (Horseshoe Falls), de l'Arc-en-ciel (Rainbow Falls) – la plus haute – et la chute de l'Est (Eastern Cataract).

Vous devrez certainement partager cette vision inoubliable avec de nombreux autres touristes, car les chutes Victoria sont l'une des merveilles de la planète. Mais le village situé à quelques pas de là possède de bons hôtels, des boutiques, même un casino, et des agences organisent toutes sortes d'excursions, d'un stupéfiant parcours de rafting dans l'écume blanche du fleuve au survol des chutes en avion.

Le **Village artisanal des chutes** (Falls Craft Village), au cen-

tre de la localité, est bâti sur le modèle d'un village tribal, mais les huttes ont été importées de différentes régions du pays. Les artisans produisent sculptures, vannerie et autres articles que l'on peut naturellement acheter sur place.

Du village, la route menant à la statue de Livingstone passe devant le **Grand Arbre** (Big Tree), étrange baobab d'énormes dimensions – plus de 20 m de haut et presque autant de circonférence. Il aurait plus de mille ans.

Sur la rivière à quelques kilomètres au nord du village, l'**élevage de crocodiles** de Spencer's Creek offre une attraction inattendue. On y présente plusieurs milliers de crocodiles de tous âges et de toutes tailles, avec explication de leur manière de vivre et de se reproduire.

Lake Kariba

Le Zimbabwe compense son manque d'accès à la mer par ce lac couvrant plus de 5000 km^2, qu'il partage en fait avec un autre pays entièrement continental, la Zambie; la frontière passe plus ou moins au milieu du lac, étroit et tout en longueur.

Vue aérienne des chutes Victoria. Douche garantie si vous approchez pour voir de plus près.

Le lac Kariba est appelé le paradis touristique du Zimbabwe, ou la Riviera Zimbabwéenne. C'est là que les gens du pays viennent se divertir: natation, voile, pêche, safari d'observation – et même un casino.

Le lac Kariba, cinquième plus grand réservoir du monde, est un lac artificiel issu d'un gigantesque barrage, **Kariba Dam**, projet hydroélectrique herculéen des années 1950. Dix mille ouvriers travaillèrent à sa construction; 87 d'entre eux périrent, victimes d'accidents de chantier. (Quatre malheureux qui tombèrent dans le béton

Sur les traces du Dr. Livingstone

David Livingstone, l'explorateur-missionnaire écossais fut le premier Européen à contempler les chutes Victoria – en 1855. On s'en souvient bien ici: sa statue commémorative se dresse à côté de Devil's Cataract (la cascade du Diable), face à Livingstone Island. A la vue des chutes, éperdu d'admiration, il écrivit que c'était une vision digne des anges. Seize ans plus tard, l'explorateur disparut. Il fut découvert, tremblant de fièvre au bord du lac Tanganyika, par le journaliste américain Henry M. Stanley qui lui tendit la main en prononçant la célèbre phrase: «Dr. Livingstone, je suppose?»

liquide sont emmurés dans le barrage.)

La vision du barrage est l'un des points forts d'une excursion à Kariba. On peut traverser à pied la couronne du barrage – 126 m de haut – jusqu'à la frontière zambienne.

A Kariba Heights, dominant la station touristique, la **chapelle Sainte-Barbara** fut érigée par des ouvriers italiens travaillant au barrage. Bâtie en forme de caisson, elle commémore les hommes qui moururent durant la réalisation du projet.

Opération Noé
Lorsqu'on barra le Zambèze pour créer le lac Kariba, les eaux montèrent trop rapidement pour nombre d'espèces animales locales. Beaucoup furent prises au piège sur des îles qui devenaient toujours plus petites avant de sombrer dans le lac. Ces nombreuses noyades créèrent un mouvement de sympathie dans le monde entier, et le gouvernement monta une héroïque opération de secours, l'Opération Noé menée par l'écologiste Rupert Fothergill. Au moyen de bateaux de toutes sortes, la plus vaste opération de sauvetage jamais organisée en Afrique permit d'épargner 5000 animaux, dont 44 rhinocéros noirs. Un monument commémore l'événement à Kariba Heights.

De l'autre côté du lac, le **Matusadona National Park** est idéal pour observer les animaux. Vous y verrez éléphants, buffles, zèbres et toutes sortes d'oiseaux, dont le héron Goliath.

Mana Pools National Park

Certes très éloigné, dans la moyenne vallée du Zambèze, le parc national des étangs Mana possède une faune remarquable. Les étangs en question sont des plans d'eau laissés par le Zambèze lorsqu'il modifia son lit au cours des âges géologiques. Ils assurent la survie des animaux sauvages durant la saison sèche (septembre et octobre), ceux-ci s'y pressant alors en grand nombre pour se désaltérer. Les éléphants, buffles, antilopes, zèbres et hippopotames sont les plus nombreux. Le rhinocéros noir, victime des braconniers dans plusieurs autres régions d'Afrique, y trouve asile. Les amateurs d'oiseaux observeront avec joie des hérons Goliath, oies égyptiennes, cormorans et cigognes.

Great Zimbabwe Ruins

Les archéologues amateurs ne manqueront pas la visite de ces ruines, non loin de la ville de Masvingo (anciennement Nyanda/Fort Victoria). Le Grand Zimbabwe était une cité-Etat

Ça trompe énormément au parc national Hwange: l'environnement souffre d'une surpopulation d'éléphants.

qui prospéra au Moyen Age, avant son déclin à la fin du XVe siècle. Dans sa grandeur, il comptait 10 000 habitants.

Dans la langue shona, «zimbabwe» signifie «maison de pierre». Le Grand Zimbabwe fut érigé là parce que le climat était idéal pour l'agriculture et que les collines alentour procuraient une roche propice à ce genre de construction. Des millions de blocs de granit taillés furent assemblés pour former la citadelle. Le ciment étant inconnu, seule la gravité tient ensemble les murs de pierre sèche.

On dénombre trois principaux groupes de structures. Comme son nom l'indique, le **Hill Complex**, comprenant le palais royal, devenu plus tard le centre religieux de la communauté, s'élève sur une colline. On y a trouvé d'admirables statues d'oiseaux mythologiques en stéatite: l'un d'eux figure sur le drapeau national.

La **Great Enclosure** (Grande Enceinte) est la plus vaste construction en pierre d'Afrique après les pyramides d'Egypte. La muraille extérieure, d'une circonférence de 255 m, est haute de 11 m. A l'intérieur: d'autres enceintes qui pourraient avoir servi à diverses cérémonies, et la résidence royale. L'élément le plus photographié de la Grande Enceinte est la solide **tour conique** (Conical Tower), de 10 m de haut, ayant un diamètre de près de 6 m à la base et de 2 m au sommet. On ignore si elle a une fonction autre que symbolique.

Le **Valley Complex** (complexe de la Vallée) semble avoir été une zone résidentielle; certains murs et terrasses illustrent des techniques avancées. On y a mis au jour des trésors archéologiques. Nombre des pièces exhumées sont exposées sur place au musée du Grand Zimbabwe, où des objets indigènes alternent avec les articles exotiques, chinois et arabes, apportés au Zimbabwe par des marchands étrangers.

Lake Kyle

Après la ferme aux crocodiles, découvrez maintenant les plus grands lézards d'Afrique – en liberté. Ils prospèrent sur le lac Kyle et ses abords, juste à l'est du Grand Zimbabwe, et peuvent atteindre la taille d'un crocodile – plus de 2 m. Pas le genre de reptile à se laisser caresser, mais fascinant à observer.

Le lac Kyle, d'une superficie de 90 km^2, attire plaisanciers et pêcheurs. Tout comme le lac, la réserve d'animaux de la rive nord est artificielle: on y a introduit des espèces d'autres régions. Trait inhabituel du Kyle Game Park: on peut y observer la faune sauvage à cheval.

Eastern Highlands

Si le *highveld,* le terrain qui caractérise l'essentiel du pays, est trop chaud pour vous, gagnez les hauts plateaux de l'Est et l'air de la montagne. De splendides cascades, des forêts de pins et le plus haut sommet du Zimbabwe, **Inyangani**, culminant à 2592 m, contribueront à vous rafraîchir. L'ascension de Inyangani est possible, si vous en avez l'énergie et disposez de quelques heures – un chemin mène au sommet.

La capitale des Hauts plateaux de l'Est, **Mutare** (anciennement Umtali) est une ville provinciale de moins de 100 000 âmes, qui est la porte du Mozambique. Entourée de montagnes, cette cité désuète possède de larges avenues bordées d'arbres en fleurs, un théâtre et une salle de concert. Le **musée** local présente la préhistoire et l'histoire de la région; les enfants, entre autres, seront fascinés par d'authentiques vieilles locomotives à vapeur et des carrosses; on expose également serpents et oiseaux. Le parc principal de Mutare comporte un **jardin d'aloès**, avec plus de 200 espèces venues de toute l'Afrique.

Les plaisirs de la table

Après une rude journée dans le bush, vous voudrez peut-être vous restaurer en ville ou dans les stations. Les hôtels proposent de somptueux buffets à des prix abordables. Végétariens et autres amateurs de verdure seront conquis par les bars à salades self-service, abondants et bon marché.

Le bœuf zimbabwéen est très bon. Si vous vous lassez des steaks, optez pour le gibier – de l'antilope à la queue de crocodile. Et pour changer de culture, essayez les restaurants italiens, grecs, indiens ou chinois.

Pour les gens du pays, qui s'en tiennent à la nourriture africaine, la base de l'alimentation est le *sadza,* un porridge de maïs doux, généralement relevé d'une épaisse sauce à la viande. Pour faire un peu plus chic, le *sadza* peut être accompagné de morceaux de bœuf, mouton ou gibier.

Une bière bien fraîche s'accorde parfaitement avec le climat africain. Goûtez aussi quelques vins zimbabwéens. On trouve également des boissons glacées non alcoolisées.

Les achats

Si vous voulez conserver un souvenir du Zimbabwe, choisissez parmi les sculptures, de celles produites à la chaîne aux véritables œuvres d'art. Partout où les touristes se rassemblent, des marchands ambulants proposent d'attrayants modèles d'animaux sculptés dans le bois ou la stéatite. (N'achetez pas de statues en bois tendre, qui pourrait être infecté d'insectes.) Avec plus de talent, les artistes shonas travaillent la pierre dure, créant d'étranges figurines parfaitement polies que vous pouvez vous faire envoyer chez vous par bateau. Les beaux masques de danse traditionnels sont peut-être trop encombrants, mais il en existe des versions miniature.

Les pierres précieuses et semi-précieuses sont d'un format plus agréable. Elles sont ravissantes et bon marché, mais seul un expert pourrait vous dire ce qu'elles sont en réalité.

Les travaux à l'aiguille sont à l'honneur autour de Kariba, notamment des nappes joliment crochetées, vendues au bord des routes.

L'éventail d'articles de vannerie est vaste et les prix avantageux. Les artisans produisent de tout, des chapeaux aux paniers en passant par des figurines.

Informations pratiques

Banques: ouvertes de 8 h à 15 h les lundi, mardi, jeudi et vendredi; de 8 h à 13 h le mercredi et de 8 h à 11 h 30 le samedi.

Bureaux de poste: ouverts de 8 h 30 à 16 h du lundi au vendredi et le samedi matin jusqu'à 11 h 30.

Cartes de crédit: les principales cartes internationales sont largement acceptées. On peut changer les chèques de voyage dans les banques ou les hôtels.

Climat: au sud de l'équateur, les saisons sont inversées. La meilleure période pour visiter le pays va d'avril à mai et d'août à septembre. Octobre est le mois le plus torride. La saison des pluies dure de novembre à mars.

Commerces: généralement ouverts de 8 h à 17 h du lundi au vendredi, ainsi que le samedi matin.

Conduite: de bonnes routes relient les villes principales. On roule à gauche. Sur les routes de campagne, la vitesse est limitée à 100 km/h.

Courant électrique: 220/240 Volts, 50 Hz. Les prises sont à trois fiches carrées.

Eau: on peut boire l'eau du robinet en ville et dans les hôtels. Ne buvez pas l'eau des rivières et barrages, et n'y nagez pas!

Heure: GMT +2.

Langues: la langue officielle est l'anglais. Les langues tribales les plus répandues sont le shona et le ndebele.

Monnaie: le dollar zimbabwéen (Z$) est divisé en 100 cents. Billets: de Z$2 à Z$20. Pièces: de 1 cent à Z$1. On peut importer librement des devises étrangères (qu'il faut déclarer à l'entrée), mais on ne peut ressortir que Z$200 en monnaie locale.

Pourboires: on donne généralement entre 10 et 15%.

Taxis: dans les principales villes, il y a des stations de taxi, mais les chauffeurs ne patrouillent pas à la recherche de clients.

JPM Publications SA • *Le spécialiste du guide sur mesure*

12, avenue William-Fraisse, 1006 Lausanne, Suisse

En safari

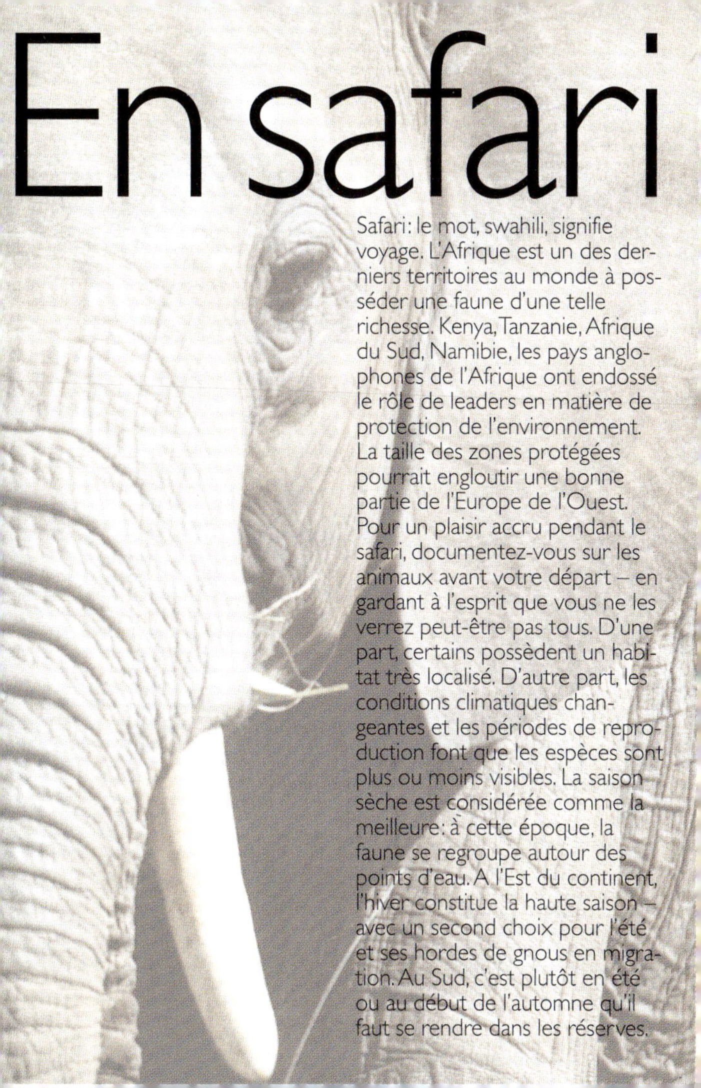

Safari: le mot, swahili, signifie voyage. L'Afrique est un des derniers territoires au monde à posséder une faune d'une telle richesse. Kenya, Tanzanie, Afrique du Sud, Namibie, les pays anglophones de l'Afrique ont endossé le rôle de leaders en matière de protection de l'environnement. La taille des zones protégées pourrait engloutir une bonne partie de l'Europe de l'Ouest. Pour un plaisir accru pendant le safari, documentez-vous sur les animaux avant votre départ – en gardant à l'esprit que vous ne les verrez peut-être pas tous. D'une part, certains possèdent un habitat très localisé. D'autre part, les conditions climatiques changeantes et les périodes de reproduction font que les espèces sont plus ou moins visibles. La saison sèche est considérée comme la meilleure: à cette époque, la faune se regroupe autour des points d'eau. A l'Est du continent, l'hiver constitue la haute saison – avec un second choix pour l'été et ses hordes de gnous en migration. Au Sud, c'est plutôt en été ou au début de l'automne qu'il faut se rendre dans les réserves.

L'éléphant (Elephant) *Loxodonta africana*

Difficile de résister au palmarès de l'éléphant: plus gros animal terrestre, il peut dépasser les 6,5 tonnes – ce qui n'est pas étonnant lorsque l'on sait qu'il grandit toute sa vie et qu'il peut atteindre 80 printemps! Le record de taille des défenses, longues d'1 m en moyenne, a été établi à 3,49 m pour 200 kg d'ivoire. Plus lourd et plus grand que son cousin d'Asie, l'éléphant d'Afrique s'en différencie entre autres choses par la taille de ses oreilles et la configuration de la trompe. Instrument magique, cet étrange appendice nasal sert à tout: à sentir, à toucher, à arracher les branchages – et, à l'occasion, à abattre les arbres – à soulever, à tracter, à chasser les mouches et... à la douche! Munie de 500 muscles, elle est capable des gestes les plus précis. Dans certains cas, on a même vu des éléphants l'utiliser comme tuba lorsqu'ils traversaient des bras de mer! Car, il faut le préciser, ils nagent très bien. A leur actif également, une très bonne mémoire malgré un cerveau plutôt petit pour leur gabarit.

Par gorgées de dix litres, l'éléphant avale de quoi remplir une baignoire! Insatiable, il mange constamment: près d'un dixième de son poids chaque jour – soit environ 300 kg de feuilles, d'écorces, de racines, de fruits, qu'il broie à l'aide de ses molaires (4 kg chacune).

Celles-ci se renouvellent à cinq reprises. Après, bien des pachydermes âgés meurent de faim, incapables de se nourrir.

Le poids lourd de l'Afrique

Si les cimetières appartiennent au domaine des légendes, il est en revanche exact que l'éléphant supporte mal la vue de corps inanimés: il les ensevelit sous des branches et, lorsqu'il rencontre les ossements de ses congénères, il les renifle, les emporte parfois.

Le rhinocéros (Rhinoceros) *Diceros bicornis*

Connu pour son mauvais caractère et son petit cerveau, le rhinocéros charge tout ce qui bouge, y compris, parfois, les trains... Très myope, il ne peut se fier qu'à son odorat et à son ouïe. Malgré son poids – il est lourd comme une grosse voiture – il peut courir jusqu'à 40 km/h. Sa peau cuirassée épaisse de plusieurs centimètres ne suffit malheureusement pas à dissuader les braconniers. Sa corne antérieure est l'objet de tous les délits: longue de 80 cm en moyenne chez le rhinocéros noir et d'1 m chez le blanc *(Ceratotherium simum)*, elle est prétendue détenir des pouvoirs guérisseurs et aphrodisiaques. En réalité, sa réputation est surtout due à l'animal lui-même, dont le coït peut durer jusqu'à 1 heure. La corne postérieure, plus petite, est droite. Les différences entre le rhinocéros noir et le blanc (qui survit en Afrique australe) sont minimes: le second est plus gros que le premier et, au contraire de lui, plutôt pacifique – ce qui explique qu'il soit le plus menacé. La lèvre supérieure du noir est préhensile, pour couper des feuilles, ce qui n'est pas le cas pour le blanc, qui broute de l'herbe. Mais leur corps est de la même couleur gris-beige. Ils aiment à se rouler dans la boue pour se débarrasser des parasites, ce qui leur confère des teintes distinctes.

Char d'assaut

L'hippopotame (Hippopotamus) *Hippopotamus amphibius*

Le cheval du fleuve

Son nom le dit: hippo potamos, «le cheval du fleuve». La plupart du temps, la troupe, forte de quelques dizaines d'individus, patauge près des rives. A peine voit-on dépasser le nez, les narines et les oreilles, placés de telle sorte qu'ils restent en surface lorsque l'animal est immergé. La densité de son corps, égale à celle de l'eau, lui permet de flotter sans effort. C'est pour cela qu'il doit faire attention à ne pas se laisser entraîner par le courant… Alors, pour se déplacer, il trotte sur le fond plus qu'il ne nage.
Les «bâillements» des mâles ont pour vocation d'impressionner les adversaires; leur amplitude indique leur rang hiérarchique. Les combats peuvent être très violents et mener jusqu'à la mort. Les canines en ivoire, très tranchantes, mesurent une soixantaine de centimètres.
Animal amphibie, l'hippopotame ne quitte le plan d'eau que la nuit, pour aller brouter l'herbe des rives. Au matin, on reconnaît son passage sans hésitation: pour baliser son territoire, il a déposé des piles d'excréments.
Le code de bonne conduite de l'hippopotame prévoit d'ailleurs aussi que les dominés défèquent au nez du mâle dominant pour obtenir son autorisation d'entrer dans le plan d'eau…

Le buffle (Cape buffalo) *Syncerus caffer caffer*

Un sale caractère

Lourd comme deux taureaux, le buffle est un véritable bulldozer. Tous les animaux de la savane le savent et bien peu osent s'attaquer à lui. Même les lions s'y reprennent à deux fois. Blessé, ou en période d'accouplement, c'est pire: le mâle devient fou furieux. Ses fortes cornes recourbées en forme de faucilles ont alors vite fait d'éventrer l'ennemi. Mais ne le faisons pas plus méchant qu'il n'est: la plupart du temps, le buffle broute paisiblement, seul ou par petits groupes. Dans les régions boisées habite le buffle de forêt, plus petit et aux cornes en demi-lune.

Le phacochère (Wart hog) *Phacochoerus aethiopicus*

Ce cousin du sanglier n'a pas le physique facile. Sa grosse tête déformée par deux ou trois paires d'énormes verrues (d'où son nom anglais), sa crinière hirsute, ses défenses recourbées, ses yeux petits et placés très haut sur la tête, son allure ras de terre lui confèrent une apparence plutôt… comique – qui plus est lorsqu'il s'enfuit, la queue redressée! Diurne, le phacochère se rencontre souvent dans une position agenouillée caractéristique: c'est ainsi qu'il fouille le sol à la recherche de racines ou d'insectes.

Dans les régions boisées et humides, on rencontre parfois le potamochère, sans verrues et aux défenses beaucoup plus courtes. L'hylochère, plus rare, est un gros sanglier forestier.

Photo: Ulrich Ackermann

Un cochon à verrues

La girafe (Giraffe) *Giraffa camelopardalis*

La girafe culmine à l'altitude d'un deuxième étage. Dans la savane, ses deux bons mètres de cou la portent au niveau des bouquets d'acacias, sa nourriture favorite. Mais l'acacia, ça pique. Alors la girafe s'est adaptée: sa langue préhensile longue de 40 cm lui permet de saisir sans se piquer les feuilles désirées. Comme ce n'est pas très nourrissant, elle doit manger vingt heures sur vingt-quatre. Entre les repas et le temps passé à scruter l'horizon elle ne dort guère plus de vingt minutes par jour.

La dame aux acacias

Avec la girafe, la nature a dû se montrer inventive. Comme chez l'homme, le cou ne compte que sept vertèbres – mais chacune peut mesurer jusqu'à 40 cm!
Le moteur aussi est à l'échelle de l'envergure: le cœur de la girafe pèse 10 kg. Il lui permet de pomper le sang jusque dans la tête. Lorsqu'elle se penche pour boire, la girafe est trop haute: elle doit écarter les pattes de devant pour atteindre l'eau. La position, instable, n'est pas des plus gracieuses. A l'accouchement, le petit voit le jour en chutant de près de 2 m…
De toutes les espèces de girafes, les deux plus communes sont justement la… commune, ainsi que la masaï. Elles se distinguent à leurs robes: celle de la première est composée de motifs à peu près géométriques, celle de la seconde de dessins d'aspect déchiqueté. Et puis, dans le nord du Kenya, il y a aussi la réticulée, aux taches semblables à celles de la commune, mais plus rapprochées et plus foncées. N'oublions pas non plus la girafe de Rothschild: les rares exemplaires survivant au Kenya se reconnaissent à une double paire de cornes et à des «chaussettes» blanches au-dessous du genou.

Le zèbre (Zebra) *Equus*

Avec son pyjama rayé, le zèbre en a fait rire plus d'un. A commencer par les Romains: ils l'appelaient l'hippotigre! Quel étrange camouflage… Quitte à habiter la brousse, il aurait pu choisir une tenue un peu moins voyante. Et pourtant, ces rayures, aussi personnelles qu'une carte d'identité, sont primordiales pour sa survie: déformées par la brume de chaleur, les silhouettes mêlées du troupeau créent un phénomène optique qui brouille les pistes. Les lions y perdent leur latin. La nuit, c'est pareil: le zèbre joue avec les zones d'ombres. Sociable, le zèbre partage son territoire avec les gnous et les antilopes. Vivant par hardes de quelques dizaines d'individus, il peut, au moment des grandes migrations, défiler par centaines de têtes. Des nombreuses espèces habitant autrefois l'Afrique, seules trois subsistent: le zèbre des plaines (ou de Grant-Burchell), le plus commun; le zèbre de Grévy, aux rayures plus fines et plus resserrées (habitant le nord du Kenya), et le zèbre de montagne, très rare et le plus petit de tous, dont l'aire de répartition se limite surtout au parc qui porte son nom en Afrique du Sud. Le zèbre de Boehm, assez répandu en Tanzanie est une sous-espèce du zèbre de Grant: il se distingue à ses interlignes bruns.

Le bagnard de la savane

Les antilopes (Antelopes)

Entre antilopes et gazelles, la frontière n'est pas toujours nette. Les antilopes désignent une espèce de bovidés forte de dizaines de variétés. Les gazelles sont uniquement l'une des six sous-espèces présentes sur le continent africain. La taille de celles-ci varie de quelques kilos à plus d'une tonne. Mais elles possèdent toutes la même caractéristique: elles sont au menu des grands fauves.

Bongo (Bongo) *Taurotragus eurycerus*

Une grosse antilope à la robe brun-rouge striée de lignes blanches verticales – une douzaine en moyenne. On remarque sur son dos une courte crinière érectile. Furtif et de mœurs plutôt nocturnes, on rencontre le bongo uniquement dans les hautes forêts où il se nourrit de feuilles et, occasionnellement, de bois pourri.

Photo: WWF/F. Vollmar

Eland du Cap (Eland) *Taurotragus oryx*

La plus grande des antilopes, l'éland rappelle un peu le zébu. Il peut mesurer jusqu'à 1,70 m au garrot et peser près d'une tonne. Malgré cela, il galope aussi vite que le cheval et peut effectuer des bonds impressionnants. Son pelage est gris-beige et porte des stries verticales blanches à l'arrière de la bosse dorsale. Les cornes sont droites et vrillées.

Guib d'eau ou sitatunga (Sitatunga) *Tragelaphus spekei*

Le sitatunga, antilope des zones marécageuses, possède des sabots très allongés qui lui permettent de progresser en terrain meuble. En cas d'alerte, il s'enfuit fréquemment à la nage. Craintif et surtout nocturne, il est rarement observé. Le pelage, plus clair chez la femelle, est strié de bandes verticales et de points blancs sur le postérieur.

Guib harnaché (Harnessed bushbuck) *Tragelaphus scriptus*

Photo: WWF/Donald Miller

Plutôt commun, le guib est une petite antilope timide et solitaire. Appréciant les zones boisées, il n'est pas observé très souvent. On le reconnaît à son «harnachement» de lignes blanches horizontales (2) et verticales (6 à 8) sur une robe acajou. Les cornes, courtes, carénées et torsadées servent au mâle à se frayer un passage dans le couvert et à se défendre. Vaillant, le guib se montre courageux face à l'ennemi.

Koudou (Kudu) *Tragelaphus strepsiceros*

Imposant, d'allure fière, le grand koudou a longtemps été l'un des plus recherchés des trophées africains – il en est devenu rare. Les magnifiques cornes torsadées du mâle atteignent en moyenne 1 m. Son pelage est brun clair, légèrement grisé et strié dans sa partie postérieure de fines bandes blanches verticales.
On rencontre aussi le petit koudou (*T. imberbis*), assez semblable au grand, mais dépourvu

de barbe et pesant jusqu'à trois fois moins. Ses cornes sont moins écartées, sa robe plus foncée et marquée de davantage de rayures.
Le koudou vit par petites hardes. A la saison des amours, les mâles s'affrontent en duels fracassants.

Nyala (Nyala) *Tragelaphus angasi*

Endémique à la seule Afrique australe, ce cousin du koudou, trop chassé, est malheureusement devenu rare et craintif. Le mâle arbore d'étonnantes franges de poils bruns sous le cou et le ventre, ainsi qu'une crinière blanche souvent hérissée. La femelle, plus petite et rousse, porte des rayures verticales blanches plus marquées. Les cornes, en forme de lyre, servent d'élément dissuasif lors des joutes opposant les mâles au moment du rut.

Photo: Bernard Ioliat

Kob des roseaux (Reedbuck) *Redunca redunca*

Cette petite antilope de couleur marron habite aux abords des zones humides. Ses courtes cornes, caractéristiques, sont recourbées vers l'avant.
Outre le kob des roseaux proprement dit, on rencontre aussi le redunca de montagne, reconnaissable à une tache de peau nue située sous l'oreille: il s'agit d'une glande odoriférante.

Photo: BIOS:Klein/Hubert

Kob (Waterbuck) *Kobus ellipsiprymnus*

Le kob est un animal puissant, très territorial, au pelage marron foncé. Les belles cornes annelées du mâle s'ouvrent en U.
Il vit à proximité des étangs ou des rivières et nage très bien – il se réfugie parfois dans l'eau pour échapper à ses attaquants. On distingue le kob defassa, à la collerette blanche, du kob à croissant, qui doit son nom à une tache en forme de lune sur l'arrière-train.

Oryx (Oryx) *Oryx*

Corps un peu massif aux contours soulignés de noir, manteau beige, tête triangulaire à damier, élégantes cornes longues et droites, l'oryx a inspiré bien des histoires: les Egyptiens en avaient fait une créature mythique capable de multiplier le nombre de ses cornes! Les Grecs, à l'inverse, croyaient qu'il n'en possédait qu'une. Du coup, certains avancent que l'oryx ne serait pas étranger à la légende de la licorne... Les différentes espèces habitent toutes les steppes semi-désertiques: l'oryx beisa *(O. beisa)*, le plus commun, se reconnaît à ses cornes rectilignes. L'oryx à oreilles frangées *(O. callotis)* ne diffère du précédent que par un toupet de poils situé à l'extrémité des oreilles. Tous deux habitent l'Afrique orientale. Au Sud du continent, on rencontre l'oryx gazelle, ou gemsbok *(O. gazella)*, aux cornes recourbées vers l'arrière.

Hippotrague (Roan antelope) *Hippotragus equinus*
(Sable antelope) *H. niger*

Photo: Ulrich Ackermann

Parmi les plus rares des grandes antilopes africaines, l'hippotrague porte également le nom d'antilope cheval. Sa sveltesse, son élégance évoquent sans doute celui-ci. Mais son plus bel attribut, ce sont ses cornes: longues comme le bras et magnifiquement incurvées vers l'arrière. La robe est fauve, sauf chez l'hippotrague noir – d'ailleurs plus petit. Chez l'un comme chez l'autre, la tête est un patchwork de noir et de blanc. Très agressifs, les mâles s'affrontent en duels parfois sanglants à la saison des amours: à genoux, cornes contre cornes!

Bubale (Hartebeest) *Alcelaphus buselaphus*

Commune dans les grandes savanes de l'Afrique orientale, cette antilope de taille moyenne se reconnaît sans coup férir à son air statufié, son visage démesurément long et sa robe lustrée. L'espèce la plus répandue, le bubale de Coke, est de couleur fauve et arbore des cornes écartées, se redressant à 90° au niveau des oreilles. Celles du bubale de Lichtenstein se resserrent comme les pinces d'un scorpion. Chez le bubale de Jackson, au pelage roux, elles sont intermédiaires, en forme de U. Très sociable, le bubale vit en petits troupeaux et accompagne fréquemment les zèbres et les gnous dans leurs migrations.

Damalisque (Damalisk) *Damaliscus*

De la même famille que le bubale, le damalisque lui ressemble; sa tête est cependant plus courte, son garrot moins élevé et son corps marron-rose est luisant.
Parmi les nombreuses espèces de damalisques, citons le topi *(D. korrigum)*, très commun, qui possède de grosses taches noires sur le haut des membres (Afrique de l'Est); le sassaby *(D. lunatus)*, le plus grand de tous, aux courtes cornes en forme de pince; le blesbok *(D. albifrons)*, rare, au chanfrein blanc; et le bontebok *(D. pygargus)*, brun foncé à la queue et aux «chaussettes» blanches. Ces deux derniers survivent en Afrique du Sud.

Gnou (Wildebeest) *Connochaetes taurinus*

Avec sa tête de vache surmontée de cornes en guidon de vélo, son corps efflanqué, sa barbe drue, sa longue queue chasse-mouches, il ressemble un peu à une caricature de bison, version africaine. Comme lui, il effectue de grandes migrations. L'été, en Afrique de l'Est, par centaines de milliers, les gnous bleus à barbe blanche se déplacent à la recherche d'herbe fraîche, bravant tous les dangers: attaques des fauves, rivières infestées de crocodiles, naissances en cours de route. En Afrique du Sud, la sous-espèce locale porte une barbe noire. Le gnou à queue blanche, endémique à la même région, a pour ainsi dire disparu.

Gazelle girafe (Gerenuk) *Litocranius walleri*

Le gérénuk possède un cou interminable qui lui permet d'atteindre les feuilles des acacias dont il se nourrit. On l'observe souvent en train de se dresser sur ses pattes arrière pour attraper les branches plus élevées. Habitant des zones sèches, il peut se passer de boire pendant de longues périodes. Son pelage est beige foncé et ses cornes plutôt courtes.

Photo: WWF/Martin Harvey

Gazelle de Grant (Grant's gazelle) *Gazella granti*

Proportionnellement, la gazelle de Grant possède les plus longues cornes de toutes les antilopes: celles du mâle atteignent 70 cm pour tout juste 1 m au garrot.
Très gracieuse, admirée pour ses grands yeux noirs, elle habite par centaines les plaines de l'Afrique orientale. Elle se reconnaît à sa queue et à ses fesses blanches, marquées par deux bandes verticales noires.

Gazelle de Thomson (Thomson's gazelle) *Gazella thomsoni*

On la différencie de la gazelle de Grant aux deux grosses bandes noires barrant ses flancs en diagonale. Les fesses, bordées d'un trait noir, sont blanches, mais la queue, toujours en mouvement, est foncée. En période de sécheresse, les gazelles se regroupent parfois par milliers.

Gazelle antidorcas (Springbok) *Antidorcas marsupialis*

Habitant l'Afrique australe, cette petite gazelle ressemble fort à la gazelle de Thomson: même robe, même bande noire transversale, même rayure noire sur le visage. Pourtant, sa queue est blanche et ses cornes sont plus fines. Sur l'arrière-train, on aperçoit une tache blanche contenant des glandes odoriférantes. Capable de doubler une voiture sur une piste, le springbok effectue des sauts de plus de 2 m.

Impala (Impala) *Aepyceros melampus*

Autre mangeuse d'acacia, l'élégante impala est une championne de saut: ses bonds atteignent 3 m de haut pour 10 m de long. Lorsque une menace pèse, la troupe tout entière effectue des cabrioles dont le désordre apparent a pour but de déconcerter les prédateurs. Le mâle, pavanant sous une paire de belles cornes en forme de lyre, est à la tête d'un harem parfois composé d'une centaine de femelles.
Le long cou, la tête triangulaire,

les trois raies noires sur la queue et le postérieur permettent de reconnaître l'impala à coup sûr. En cas de doute, elle possède aussi une touffe de poils noirs au-dessus des sabots.

Oréotrague sauteur (Klipspringer) *Oreotragus oreotragus*

Très agile, l'oréotrague est un peu le chamois de l'Afrique. Ses sabots, aux bouts étroits et ronds, sont particulièrement adaptés aux terrains accidentés où il passe le plus clair de son temps. Son corps trapu est recouvert d'un pelage gris-olive. Ses oreilles sont grandes et ses cornes longues comme la main.

Photo: Bernard Joliat

Dik-dik (Dikdik) *Rhynchotragus kirki*

Haut comme un petit chien, lourd comme un yorkshire, le dik-dik est l'une des plus petites antilopes au monde. Il habite les zones broussailleuses de l'Afrique de l'Est, seul ou en couple. Il se déplace par sauts successifs, rebondissant comme une balle de caoutchouc. Le museau, caractéristique, se termine en forme de trompe avortée. Chez le dik-dik de Guenther, celui-ci est plus long que chez celui de Kirk – le plus commun des deux.

Photo: Ulrich Ackermann

Ourébi (Oribi) *Ourebia ourebi*

Photo: WWF/Alistair Scott

De taille comparable à l'oréotrague, l'ourébi n'est pas très commun. On le reconnaît à sa robe beige dorée, au bout de la queue noir et à la grosse tache de peau glabre située en arrière de l'œil: il s'agit d'une glande odoriférante.
Lorsque il est inquiet, l'ourébi saute sur place – semble-t-il pour repérer l'agresseur.

Le chacal (Jackal) *Canis*

Plus proche du chien que du renard – malgré ses grandes oreilles et une queue touffue, le chacal ne mérite pas la mauvaise réputation qu'on lui a faite. S'il lui arrive effectivement de se contenter des restes de table du guépard ou de la panthère, il chasse souvent par lui-même, la nuit – y compris dans les poulaillers des villages… Il ne fait vraiment entendre son hurlement qu'au moment des amours. On distingue trois espèces: le chacal doré *(C. aureus)*, habitant de l'Europe du Sud à l'Afrique orientale; le chacal à chabraque, que l'on dit aussi à dos noir *(C. mesomelas)*, très commun, et le chacal à flancs rayés *(C. adustus)*, aux oreilles plus courtes et au museau plus allongé.

Photo: Ulrich Ackermann

Un hurlement dans la nuit

Le guépard (Cheetah) *Acinonyx jubatus*

Excès de vitesse

Avec des pointes à 110 km/h, le guépard détient le record du monde de vitesse des mammifères. Animal des plaines, il surgit des hautes herbes pour fondre sur sa proie – c'est un grand amateur de gazelles. Mais si au bout de 500 m il n'a pas fait mouche, il doit laisser tomber. Sinon, il surchauffe – d'autant plus qu'il est le seul félidé à chasser de jour. Bon rabatteur cependant, avec 50% de réussite, il fait deux fois mieux que le lion. Et surtout, lui ne vole jamais le repas des autres… Pour se remettre de ses efforts, il dort en moyenne vingt heures sur vingt-quatre.

Haut sur pattes, très efflanqué – il pèse 40 à 60 kg seulement – le guépard se différencie sans peine de la panthère, plus massive, à la tête plus grosse et dépourvue de larmiers noirs. Les taches de sa robe sont pleines. N'appartenant pas au même genre que le léopard, le lion et le tigre (tous du genre *panthera*), il tient par certains côtés du chien. Ses griffes, par exemple, ne sont pas rétractiles. La femelle guépard donne naissance à trois à cinq jeunes, gros comme une plaquette de beurre! Les deux tiers meurent avant l'âge de 3 mois. Les autres se couvrent d'une crinière à longs poils qui les dissimule dans les hautes herbes.

L'hyène (Spotted hyena) *Crocuta crocuta*

Sa mauvaise réputation n'est plus à faire: son air de dahu – la croupe beaucoup plus basse que le garrot – sa démarche boitillante, son poil hirsute, son odeur désagréable, ses ricanements nocturnes et ses mauvaises habitudes alimentaires en ont fait la mal-aimée des habitants de la savane. Pourtant, l'hyène chasse 60% de ses proies elle-même. Le clan, composé de 20 à 50 individus, poursuit antilopes ou zèbres sans relâche, parfois pendant des heures. Pour le reste, l'hyène est un bien utile fossoyeur. Son odorat très développé lui permet de repérer des charognes à plusieurs kilomètres à la ronde. Ses dents et son système digestif, exceptionnels, lui permettent de broyer os et peau sans peine. Détail peu connu, la femelle tachetée possède un appareil génital d'apparence semblable à celui du mâle – clitoris érectile inclus! Celui-ci semble jouer un rôle primordial dans les rituels de rencontre et de reconnaissance.

Le fossoyeur

Il existe trois espèces d'hyènes, différenciées par leur pelage: la tachetée (sans crinière), la rayée (avec) et la brune, qui habite principalement l'Afrique australe.

La panthère (Panther/leopard) *Panthera pardus*

Que vous l'appeliez panthère ou léopard, cette cousine du lion est de loin le plus insaisissable des grands fauves africains. Sans doute perchée dans la fourche d'un arbre, dissimulée sous les frondaisons, elle fait la sieste – d'un œil – ou surveille son garde-manger, à l'abri des charognards. En fin de journée, à l'heure de la chasse, le perchoir devient tour de guet. Grande gourmande, la panthère

La princesse de la savane

mange de tout, de l'insecte au jeune crocodile. Mais elle préfère de loin les gazelles, hissées là-haut à la force de la mâchoire et de tout juste 70 kg de muscles. Son manteau constellé de «rosettes» lui a valu une certaine célébrité, que ne conteste guère que sa congénère plus foncée.

La panthère noire, nettement plus rare, est une réplique parfaite de l'original, à cela près qu'une dose de mélanine supplémentaire l'a faite couleur nuit. On ne sait trop pourquoi, mais on dit ce modèle plus méfiant et plus agressif que l'autre. La panthère est de toutes façons une solitaire.

Le lion (Lion) *Panthera leo*

Lorsque son rugissement s'abat sur la savane, dans un rayon de dix kilomètres, tout se fige. Le plus grand des amateurs de viande avec le tigre, le lion n'a d'ennemis que l'homme. La crinière dorée ou foncée du mâle lui confère une majesté indubitable. Pourtant, en famille, c'est la femelle qui s'occupe de tout. Au mieux, Monsieur rabat les proies, mais ce sont toujours ses concubines – il est polygame! – qui doivent se salir les pattes. En un instant, 150 kg de muscles rompent la colonne vertébrale de la pauvre gazelle. Pourtant, malgré la bonne coordination du groupe, le résultat n'est pas extraordinaire: les lionnes ratent leur chasse quatre fois sur cinq. Le mâle se sert en premier: il préfère les viscères. En fait, sa charge consiste surtout à garantir l'intégrité du territoire familial – toutes les femelles du groupe sont apparentées.

Vautrés sous un arbre, les lions paressent vingt heures par jour. Sauf au moment des chaleurs: là ils se dépassent. Ils peuvent alors s'accoupler jusqu'à 80 fois dans la même journée! Ils en oublient

La reine des animaux

même de manger. Mais pour en arriver là, il a fallu soutenir des combats violents: il n'est pas rare que l'un des prétendants y laisse la vie. Si le mâle dominant est détrôné, le nouveau maître du harem tuera les jeunes lionceaux des portées précédentes.

Le lycaon (Hunting dog) *Lycaon pictus*

Gros comme un chien, le lycaon lui ressemble assez – sauf peut-être pour cet étrange pelage parsemé de tâches jaunes et blanches. Ses mœurs s'apparentent toutefois plus à celles d'un fauve.
Meilleur chasseur d'Afrique, le lycaon poursuit sa proie avec obstination. La meute, forte parfois de plusieurs dizaines de têtes, se relaye jusqu'à ce que celle-ci s'écroule, épuisée. Sa férocité n'est pas légende: même les lions et les panthères évitent de se frotter à lui. Sauvagement exterminé, contaminé par la rage des chiens domestiques, le lycaon est devenu rare; on en compte au plus 3000 sur tout le continent.

Photo: Didier Nicolet

Le chien peint

Le serval (Serval) *Felis serval*

Ce gros chat solitaire et haut sur pattes porte une robe assez semblable à celle du guépard. Il est cependant moitié moins grand. On le repère à ses longues oreilles pointues tachetées de blanc, souvent seules à dépasser des hautes herbes de la savane. Le serval capture ses

Photo: Bernard Joliat

Un chat voltigeur

proies – rongeurs, insectes, grenouilles – en bondissant très haut et en se laissant retomber sur elles pour les assommer. Il est même capable d'attraper des oiseaux en vol. Il existe en Afrique orientale un rarissime serval noir.

La civette (Civet) *Viverra civetta*

Carnassier nocturne et solitaire, la civette habitait encore la France au XVIIe siècle. A cette époque, on prélevait déjà son musc, une substance à l'odeur forte utilisée dans la composition de certains parfums. La civette, elle, s'en sert pour marquer son territoire. On la reconnaît à son corps allongé, tacheté de noir et de blanc, à ses courtes pattes et à son museau pointu, un peu semblable à celui d'une fouine.

Photo: BIOS:Seitre

Usine à parfum

La genette (Genet) *Genetta genetta*

Nocturne et carnivore comme la civette, la genette a l'air d'un gros chat bas sur pattes, au corps et à la queue annelée de noir très allongés. Son manteau tacheté ressemble à celui du serval. Comme le chat, elle ronronne, elle fait sa toilette plusieurs fois par jour; comme lui, elle possède des griffes rétractiles et grimpe aux arbres. Elle chasse en se tapissant dans les herbes, ventre au sol et aime tuer pour le plaisir: elle finit rarement son déjeuner.

Photo: BIOS:Geneviève Ranson

Le plaisir de la chasse

La mangouste (Mongoose) *Mungos mungo*

Corps et museau allongés, queue longue et pointue, pattes et oreilles courtes, la mangouste est tout en longueur. Son goût pour la chair de serpent est bien connu. Courageuse et maligne, elle triomphe presque toujours du reptile – y compris du cobra. Certaines espèces semblent même partiellement immunisées contre les venins de leurs proies. Dans d'autres cas, la mangouste utilise la ruse: elle fait la morte en attendant que sa victime s'approche. Parmi les plus communes, on rencontre fréquemment la mangue rayée.

Photo: BIOS:Klein/Hubert

Du serpent au menu

Le suricate (Suricat) *Suricata suricata*

Proche cousin de la mangouste, le suricate habite principalement l'Afrique australe. Vivant par bandes dans un même terrier, il possède une organisation sociale assez élaborée. Un guetteur se perche sur un tronc d'arbre mort, une termitière ou encore… la tête d'un biologiste pour épier les environs. En cas d'attaque aérienne de l'aigle ou de l'entrée d'un intrus sur le territoire, tous filent aux abris.

Photo: WWF:Klein & Hubert/BIOS

Sentinelles

Le daman (Hyrax/dassie) *Procavia ruficeps*

Le daman a beau avoir l'air d'un gros rat sans queue et aux petites oreilles, ses plus proches cousins sont bel et bien l'éléphant et le rhinocéros! Plutôt agressif et toujours en mouvement, il habite les zones rocheuses. En forêt, on rencontre le daman d'arbres. Ce dernier ne descend pratiquement jamais à terre.

Rat ou pachyderme?

Le pangolin (Pangolin) *Manis tricuspis*

A la fois timide et peureux, le pangolin s'est construit une armure pour résister à toutes les attaques. En cas de menace, il se roule sur lui-même comme le hérisson et darde ses écailles érectiles vers l'agresseur. Celles-ci sont si dures qu'elles peuvent rayer le métal! Nocturne, il se nourrit de fourmis et de termites, attrapés à l'aide de sa longue langue visqueuse semblable à celle du caméléon. Edenté, il possède un estomac puissant. Il existe quatre espèces de pangolins en Afrique, du plus petit, long de 50 cm environ, au plus grand, appelé géant *(M. gigantea)*, qui atteint 1,50 m.

Photo: BIOS:Denis-Huot

Blindé

L'oryctérope (Aardvark) *Orycteropus afer*

Un peu partout en Afrique on l'appelle le cochon de terre. Cet étrange animal, grand creuseur de terriers, tient en fait de beaucoup de choses: si son groin et ses pieds ressemblent vaguement à ceux du porc, son corps et sa queue font davantage penser au kangourou et ses oreilles au lapin! Nocturne et solitaire, l'oryctérope se nourrit comme le pangolin de fourmis et de termites qu'il attrape à l'aide d'une langue protractile et gluante. En cas d'attaque, il se mure dans un terrier creusé à toute vitesse.

Photo: BIOS:Thierry Petit

Un drôle de cochon

Le caméléon (Chameleon) *Chamaeleo*

Vif comme l'éclair, le caméléon projette sa langue – aussi longue que son corps –, assommant sa proie et l'engluant. Une demi-seconde plus tard, l'arme fatale est déjà rengainée, repliée en accordéon au fond de la bouche. Le caméléon ne rate jamais son but. Ses yeux exceptionnels, indépendants l'un de l'autre, lui permettent non seulement de voir vers l'avant et l'arrière au même moment, mais aussi de voir en relief – et donc d'évaluer avec précision les distances. Incapable de courir, il compte sur sa capacité de mimétisme pour se dissimuler. Sa couleur ne varie pas tant en fonction du milieu que de la luminosité et de ses humeurs. Généralement vert ou brun, il devient rouge ou noir lorsque il est en colère, bleu lorsque il est en grande confiance – c'est rare –, voire blanc en l'absence de toute lumière. Chaque espèce – il y en a 140 –

De toutes les couleurs

possède ses propres réactions. Parmi les plus impressionnantes du continent africain, le caméléon cornu arbore une unique corne.

Le crocodile du Nil (Nile crocodile) *Crocodilus niloticus*

Terreur des points d'eau, le crocodile habite bon nombre de rivières et de marigots africains – lorsque il n'a pas été trop chassé. On le rencontre souvent aux heures chaudes de la journée, se prélassant au soleil sur un banc de sable. Dans l'eau, seuls émergent le bout du museau et les deux yeux, semblables à des bouts de bois flottants. Il jaillit sous le nez de sa proie et l'entraîne en tourbillonnant pour la noyer. Il la fourre ensuite sous un rocher ou un tronc immergé en attendant quelques jours qu'elle s'amollisse: ses dents, non tranchantes, ne lui permettent pas de déchiqueter la viande. Le crocodile peut rester jusqu'à six mois sans manger. Ovipare, il pond ses œufs dans le sable des berges. Mieux vaut alors ne pas le déranger: il peut rattraper un homme à la course. Les jeunes mesurent 15 cm à la naissance; certains adultes atteindront 6 m. Le crocodile peut vivre 70 ans.

Les dents de la rivière

Le grivet (Vervet monkey) *Cercopithecus aethiops*

Très commun, le grivet est un petit singe de la taille d'un chat. Sa face couleur de suie entourée de longs poils blancs, ses mains et ses pieds noirs lui donnent un air de joyeux drille. Fort vif, il est particulièrement gourmand et mange tout ce qu'il trouve. Un peu peureux cependant, il

Le singe vert

n'aime pas trop s'éloigner de son territoire. Alors il fait des stocks dans ses bajoues et passe à table de retour à la maison. Animal de la savane boisée, on le rencontre aussi aux abords des lodges.

Le babouin (Yellow baboon) *Papio cynocephalus*

On l'appelle aussi cynocéphale, allusion à son museau allongé comme celui d'un chien. Le babouin est un animal grégaire qui vit par bandes pouvant atteindre une centaine d'individus, placés sous l'autorité du «caïd» – le mâle dominant. Privilèges de roi, celui-ci est prioritaire pour la nourriture et l'épouillage. Il ne l'est cependant pas auprès des femelles qui, lorsque elles sont en chaleur, s'offrent à tous. Les babouins sont très territoriaux; ils apprécient particulièrement les zones rocailleuses.

Le singe à tête de chien

Le galago (Bushbaby) *Galago crassicaudatus*

Il existe deux sortes de galagos: le petit est de la taille d'une main et le grand de celle d'un lapin. Leur pelage et leur queue fournie – aussi longue que le corps – les font un peu ressembler au chat. Mais le galago est un lémurien. Ses grands yeux attestent de son activité nocturne: il se déplace alors à vive allure le long des branches. La journée, il dort, roulé en boule pour se protéger de la lumière. Pour être tranquille, il se bouche même les oreilles en repliant les pavillons…

Photo: BIOS: Claude Thouvenin

Des yeux dans la nuit

L'aigle pêcheur (Fish eagle) *Haliaetus vocifer*

Habitant des lacs de la vallée du Rift, l'aigle pêcheur est souvent observé, perché sur son nid ou sur une branche au sommet d'un grand arbre. Son plumage permet de le reconnaître aisément: tout le haut du corps – tête, cou, poitrine – est blanc, le reste est marron-noir. Il se nourrit de poissons, attrapés à la surface de l'eau, ainsi que de jeunes flamants roses.

Un dîner de poisson

L'autruche (Ostrich) *Struthio camelus*

Puisque elle ne sait plus voler, l'autruche s'est adaptée en apprenant à courir. Ses grandes jambes musclées lui permettent d'atteindre 70 km/h en vitesse de pointe! Evidemment, avec 2,40 m de haut et 140 kg pour le mâle, ce n'est pas un poids plume. L'autruche vit en petits groupes dominés par un mâle, reconnaissable à son plumage noir – alors que les femelles sont gris-beige. Celles-ci pondent toutes dans le même nid, où on peut trouver jusqu'à une quarantaine d'œufs. Chacun pèse 2 kg! On a souvent dit que l'autruche mangeait tout et n'importe quoi. En fait, elle se contente d'herbes, de fruits, d'insectes, voire de petits mammifères. Elle avale par contre une grande quantité de sable pour des raisons digestives.

Le plus gros oiseau du monde

Le calao (Hornbill) *Tockus erythorhynchus*

Cet oiseau noir et blanc à gros bec orange recourbé possède des mœurs étonnantes. Le temps de la couvaison, la femelle se mure dans un trou d'arbre qu'elle ferme avec de la boue séchée. Seule subsiste une mince fente par laquelle son époux lui amène à manger.
Les œufs éclos, la femelle sort de sa prison et les oisillons rebouchent immédiatement l'orifice. Les parents continuent de les nourrir jusqu'au moment où, suffisamment forts, ils sont capables de prendre leur envol.

Tous volets fermés

Le flamant (Lesser flamingo) *Phoeniconaias minor*
(Greater flamingo) *Phoenicopterus ruber*

En Afrique, on distingue deux sortes de flamants: le rose et le nain. Le premier, commun en Camargue, est plus grand; le second, deux fois plus petit, est cependant près de cent fois plus nombreux. Sur les lacs alcalins du Rift est-africain, les colonies peuvent compter jusqu'à 2 millions d'oiseaux au même moment. Ils s'y nourrissent de crevettes et d'algues microscopiques – qui leur donnent leur teinte rosée – balayant les eaux de leur gros bec retourné. Ce dernier est équipé d'un filtre recueillant les particules alimentaires et rejetant les déchets.

Tout de rose vêtu…

La grue couronnée (Crowned crane) *Balearica regulorum*

Peut-être le plus bel oiseau d'Afrique, la grue est relativement commune. Elle vit par couples ou par petits groupes en savane. A la saison des amours, on peut assister à de fascinantes danses nuptiales: face à face, les grues déploient leurs ailes, s'élèvent subitement dans les airs d'un coup d'aile avant de retomber et de se poursuivre à terre. Le scénario est renouvelé plusieurs fois.

Dans toute sa majesté

Le marabout (Marabou stork) *Leptoptilos crumeniferus*

Chauve, au cou nu prolongé d'un jabot, le marabout est un des oiseaux les plus laids qui soient. Il utilise son bec long et robuste pour arracher des morceaux de viande sur les charognes. Ses mœurs nécrophages l'ont encouragé à se rapprocher des villes où il se nourrit dans les décharges.
Appartenant à la famille des cigognes, le marabout, comme elles, est muet – il se contente de claquements de bec.

L'éboueur

Le serpentaire (Secretary bird) *Sagittarius serpentarius*

Malgré ses très hautes pattes, le serpentaire n'est pas un échassier mais un oiseau de proie. Il appartient à la famille des aigles. Les quelques plumes noires en éventail situées à l'arrière de la tête lui ont valu le surnom de «secrétaire»: elles sont censées rappeler les plumes d'oie que ceux du siècle passé se plaçaient derrière l'oreille. Très rapide à la course, le serpentaire est, comme son nom l'indique, amateur de reptiles. Il parcourt la savane à grandes enjambées à leur recherche, assommant ses proies par surprise à coups de bec et de pattes.

Secrétaire

Le tisserin (Weaverbird) *Philetarus socius*

Il existe plus d'une centaine d'espèces de tisserins. Ces oiseaux, de la taille d'un moineau, sont généralement de couleur jaune ou blancs et bruns. Ils construisent des nids en forme de bourses ou de bouteilles accrochés aux branches flexibles d'un même arbre – on peut compter jusqu'à 400 «locataires» dans la colonie. A l'aide de quelques herbes et de fibres, ils tissent leur demeure selon un plan précis et complexe. L'ouverture est presque toujours située vers le bas.

Les HLM de la brousse

Le vautour (Vulture)

Il existe sur le continent noir sept espèces de vautours. Parmi les plus communs, on rencontre le vautour moine (*Necrosyrtes monachus*) ou le griffon (*Gyps ruppelli*). Tous possèdent la même physionomie: cou en S, tête dégarnie, gros bec crocheté. Ils se nourrissent sans exception de charognes, repérées en volant inlassablement au-dessus de la savane. Le vautour sait parfaitement profiter des courants d'air ascendants pour se maintenir en l'air sans efforts. A l'envol, par contre, il a bien du mal à s'arracher du sol. Pour peu qu'il ait trop mangé – son gésier contient jusqu'à 6 kg de nourriture –, il doit même y renoncer!

Photo: Ulrich Ackermann

Majestueux nécrophage

Texte et photos: C. Hervé-Bazin
Mise en pages: O. Allgöwer

12, avenue William-Fraisse, 1006 Lausanne, Suisse
E-mail: information@jpmguides.com – Site internet: http://www.jpmguides.com/
 Printed in Switzerland. SKU 2191 01 2
